供应链管理与绩效评估研究

谢 琼 著

西北工业大学出版社

西 安

【内容简介】 本书以传统绩效评估为基础，探讨了供应链管理所需的新绩效评估系统的相关内容。

本书适用于供应链专业研究人员以及供应链从业人员阅读、参考。

图书在版编目（CIP）数据

供应链管理与绩效评估研究 / 谢琼著. — 西安 : 西北工业大学出版社, 2022.4
ISBN 978-7-5612-8165-9

Ⅰ. ①供… Ⅱ. ①谢… Ⅲ. ①企业管理-供应链管理-经济绩效-评估-研究-中国 Ⅳ. ①F279.23

中国版本图书馆 CIP 数据核字（2022）第 059973 号

GONGYINGLIAN GUANLI YU JIXIAO PINGGU YANJIU
供应链管理与绩效评估研究
谢琼 著

责任编辑：万灵芝 陈松涛　　策划编辑：李 萌
责任校对：李 欣　　装帧设计：许 康
出版发行：西北工业大学出版社
通信地址：西安市友谊西路 127 号　　邮编：710072
电　　话：（029）88491757，88493844
网　　址：www.nwpup.com
印 刷 者：北京市兴怀印刷厂
开　　本：710 mm×1 000 mm　　1/16
印　　张：11.5
字　　数：206 千字
版　　次：2023 年 3 月第 1 版　　2023 年 3 月第 1 次印刷
书　　号：ISBN 978-7-5612-8165-9
定　　价：79.00 元

前　　言

随着经济全球化发展，出现了新的市场竞争主体——供应链。为了保证供应链上所有的节点企业同步、协调运作，就需要做好供应链管理工作，而供应链管理工作的好坏程度，就要靠供应链的绩效评估来予以明示。显然，这里的绩效评估工作与传统的绩效评估工作是不同的。本书以传统的绩效评估为基础，探讨了供应链管理所需的新的绩效评估系统的相关内容。

当前企业处于外部环境剧变的时代，经济全球化趋势席卷全球，客户的需求不断增长，产品生命周期日趋缩短，市场变化呈现不确定性。增强竞争力的要求迫使企业和上游、下游合作者（如供应商、客户、物流公司等）更加重视相互间的协调，共同为最终用户创造新价值，这就使原来企业与企业之间的竞争演化成供应链与供应链之间的竞争。越来越多的企业意识到，要有效地管理供应链就必须对供应链绩效进行评估。因此，如何科学、客观、全面地分析和评价供应链的运营绩效，是一个迫切需要解决的问题。

本书由福建商学院谢琼独立撰写完成。

为了确保本书内容的丰富性和多样性，笔者在写作本书过程中参考了大量理论与研究文献，在此谨向其作者表示衷心的感谢。

由于笔者水平有限，本书难免存在疏漏之处，敬请同行专家和读者朋友批评指正！

著　者

2021 年 9 月

前 言

[illegible]

编 者

202[illegible]年9月

目　　录

第一章　供应链的历史沿革与发展趋势

第一节　供应链与供应链管理概述

一、供应链概述

（一）供应链的含义

供应链一词译自英文的supply chain，也有人称其为“供给连锁”。那么，供应链的真实含义是什么？对于供应链，目前尚未形成统一的定义。要理解供应链，可以看下面的例子：我们购买饮料可以去附近的零售店，如超市、便利店等处。那么，陈列于零售店的饮料，在消费者取到手之前是经过怎样的途径到商店的？饮料的制造商生产饮料，要先采购原材料，然后进行生产。生产出来的饮料为了保持鲜度，需要通过各种流通渠道快速地运送到零售商店。小规模的商店通过批发商进货，大型连锁零售商则不通过批发商，直接从制造商进货。一般而言，某一商品从生产地到达消费者手中，有如下的厂商及相关人员依次参与：供货商、制造商、批发商、零售商。

依据上述例子，我们将这些与供货密切相关的企业和人员的衔接称为供应链。其实我们如果从另一个角度看，供应链也具有其他名称：如若从商品的价值是在业务连锁中渐渐增值的角度看，可称为“价值链（value chain）”；从满足消费者需求的业务连锁角度看，亦可称为“需求链（demand chain）”。

供应链有以下三个特点。

（1）供应链是一个涉及范围极广的概念和运作模式，从构成上来看，它几乎包含了企业经营过程中的所有节点企业，从原材料的供应到最终的产品销售都有供应链企业的存在。

（2）在整个供应链企业网络中，每个企业在供应链中扮演的角色都不一样，他们既是客户又是供应商，他们既会向上游企业采购物品，又会向下游企业供应货物，有些企业还可以提供某些服务，比如运输、库存管理等。

（3）从业务价值的角度来看，供应链不仅是一条连接商品生产、运输、存储以及销售各个环节的信息链、资金链，而且更是一条增值链。这个增值链一个特别的性质就是供应链条上的每个企业在运作过程中都会获益，但最后商品销售到购买者的手中时，价格却不高。

（二）供应链的特征

我们已经知道了供应链的含义，那么从中我们可以看出供应链应该是一个网链结构，整个网、链的核心是供应商、生产商以及销售商，所有的供应链企业和服务都是围绕这三类企业开展的。

供应链主要有下述特征。

1. 协调性和整合性

供应链是一个企业关系网络复杂、企业业务和服务交叉进行的复杂整体，因此，如果供应链本身不具有协调与整合各个企业的功能，整个供应链系统根本不能正常运行。从现实来看，大多数供应链都能够高效率运转，各个合作者像链条一样环环相扣，联系紧密。协调与整合供应链条上各个企业的根本原因在于共同的目标。每个供应链成员企业都是链中的一个环节，都要与整个链的运作一致，绝对服从于全局，做到方向一致。

2. 选择性和动态性

供应链中的企业大部分都是经过核心企业直接或间接筛选之后确定的，从关系上来说他们是合作伙伴，不存在竞争性，大家的总体目标和利益趋向是一致的，各个企业关联紧密。供应链中的合作企业，其目标因为供应链的存在而存在，并会随着供应链目标的转变而转变，随服务方式的变化而变化，因此，它随时处在一个动态调整的过程中。

3. 复杂性和虚拟性

复杂性是指影响供应链的形成发展和繁荣的因素有很多，比如国家制度、法律、文化、环境、习俗等都会造成很大差异。另外，经济发达程度、物流基础设施、物流管理的水平、教学以及研究成熟度对供应链发展也具有重要的影响。

虚拟性是指供应链并不是“流水线”，每个企业并不是只要干好自己的工作就可以了，如果说整个供应链是一个大的企业，那么节点的每个企业就像是供应链的各个部门，各个部门相互协作才能将自身的优势发挥到最大。

4．交叉性

节点企业可以是一个供应链的成员，同时又是另一个供应链的成员，众多的供应链形成交叉结构，增加了协调管理的难度。

5．面向用户需求

供应链的形成、存在、重构在市场经营和运作过程中都是不可避免的，它们发生的这些变化都是市场调节和价值规律自我调节的结果。供应链的形成伴随着市场的形成，供应链的重构往往意味着市场发生了巨大的变化，企业稳定经营环境和状态遭到了破坏。

（三）供应链的分类

1．静态供应链和动态供应链

根据供应链存在和运行的稳定性，我们可以将其划分为静态供应链和动态供应链。当然这里所说的稳定只是在一定的市场和经营条件下能够相对稳定地运行、保证各个企业都发挥出其基本的作用的一种运行状态。静态供应链并不意味着整个供应链处于静止之中，只是说其运行状态在当前的运营条件下处于一个相对稳定的状态。

2．平衡供应链和倾斜供应链

根据供应链容量与用户需求的关系，我们可以将其划分为平衡供应链和倾斜供应链。供应链的正常运作并不是只对供应链的结构（即供应商、制造商、运输商、分销商、零售商等）有具体的要求，对用户需求也具有一定的依赖性。供应链在其形成之后就会以相对固定形式稳定下来，但是从市场来看用户的需求却是不断变化的，这也导致了供应链与企业合作的风险增大。当供应链的容量能满足用户需求时，供应链处于平衡状态，当市场需求发生变化的时候，供应链就会出现倾斜。

3．有效性供应链和反应性供应链

不同的供应链具有不同模式的功能和发挥的途径，根据供应链的这一特点我们可以将其分为有效性供应链和反应性供应链。有效性供应链与反应性供应链的比较见表 1-1。

表 1-1　两种类型供应链的比较

比较项目	反应性供应链	有效性供应链
基本目标	尽可能快地反应不可预测的需求，使缺货、降价、废弃及库存达到最小化	以最低的成本供应可预测的需求

续 表

比较项目	反应性供应链	有效性供应链
制造核心	配置多余的缓冲库存	保持较高的平均利用率
库存政策	部署好零部件和成品的缓冲库存	产生高收入而使整个链的库存最小化
提前期	大量投资以缩短提前期	在不增加成本的前提下，尽可能缩短提前期
选择供应商的方法	以速度、柔性和质量为中心	以成本和质量为核心
产品设计策略	以模型设计尽可能地减少产品差别	最大化绩效和最小化成本

（四）供应链的结构

1．发散网结构

发散网是一种网状的供应链结构，也是一种十分常见的供应链结构。在供应链形成的发散状的物流网络中，通常是物料的大宗、集中运输，小宗、分散的物料一般不存在，这些物料经过加工企业的加工成为其他企业生产最终产品的原材料。钢铁制造业的物流供应系统就是典型发散网结构，不同的钢铁制品需要不同形式的钢材为原材料进行生产，钢材必须经过中间企业的加工才能成为最终产品的原材料。

2．会聚网结构

供应链的产品运作终端是消费者，无论供应链的形式和过程如何复杂，其最终目的都是为了将企业的产品以最小的成本输送到消费者的手中，因此从某种意义上来说，消费者是驱动整个供应链运作的动力。这个道理在生产材料的存储和运输中同样适用，对于原材料供应企业来说，其产品的消费者就是生产企业，因此他们进入供应链的目的就是减少原材料供应成本，获取更多的订单。在供应链中企业经常会遇到这种情况，为了满足某一个客户的需求，原材料供应商不得不从多家企业采购材料，这种运作模式的供应链系统就是一种典型的会聚型的供应网结构，也可以称为“A 字状结构”，航空工业（飞机制造）、汽车制造业等行业的原材料供应系统以这种结构为主。

3．T 形网结构

我们前面为大家介绍了发散网和会聚网两种供应链结构，T 形网结构是介于这两种结构之间的一种供应链结构。T 形网结构的供应链主要存在于接近最终消费者的供应链环节中，比如医药保健品、汽车配件、电子产品、食品和饮料等公司。更广泛的说，T 形网结构的供应链也存在于为汽车、电子和飞机制造企业提供配件的物流领域。T形网结构是所有供应链结构中最复杂的一种，想要保证它的正常运转需要解决大量的问题、面对各种复杂的挑战。从控制论的角度来说，维持T形网结构供应链高效率运作的关键因素有两个，一是减少产品品种，二是提高企业产品管理方法。随着电子信息技术的繁荣，在物流信息系统的辅助下企业可以对产品进行实时监督和管理，大大提高管理的效率，从而保证整个供应链的正常运作。

二、供应链管理的概述

（一）供应链管理的含义

供应链管理（supply chain management，SCM）简单来说就是对供应链的各个环节进行管理。具体来说，供应链管理是指对供应链中的物料、信息、资金、业务以及贸易伙伴等保证供应链运行的关键要素所进行的调节、组织工作。供应链管理的目的可以总结为“6R”，即正确的产品（right product）、合适的时间（right time）、合适的数量（right quantity）、合适的质量（right quality）、合适的状态（right status）、合适的地点（right place）。这六个因素并不是孤立的，而是相互联系相互制约的，含义就是将企业的产品在合适的时间在保证数量、质量以及状态的前提下将货物运送到合适的地点。

（二）供应链管理的原则和要求

1. 供应链管理的基本原则

（1）因为业务稳定、合作关系紧密，供应链的参与企业可以通过彼此的沟通、互动，以及交流实现最低成本的持续供货。

（2）供应链管理是一种新兴的管理管理模式，其价值要高于普通的管理方式，想要在供应链管理中获得更大的好处就应该在保证硬件等基础设施的基础之上对企业合作关系和服务网络进行专门的研究与管理。

（3）贸易伙伴之间密切合作、共享信息、共担风险，这可以大大加强各个企业之间的信任，树立良好的企业榜样。

（4）应用现代科技（如标识代码、条码应用标识符、条码和电子数据交换等技术）作为管理手段。

2. 供应链管理的要求

（1）时间规划。在时间管理上，企业应该将客户的体验和感受作为企业供应链运作的一个重要影响因素，因为对于一些具有极强时令性的产品，错过消费时间就等于错过了商品经销的市场，因此在供应链管理中，企业要对顾客的消费时间和消费需求进行认真的考虑与规划。

总之，在整个供应系统的设计中，不能墨守成规一成不变，而是应该随着市场的变化、经营环境的变化以及时代的发展不断对供应链管理的方法与内容进行补充、完善和修改，保证供应链能够高效率的运行。这种对传统的制造流程进行重构的做法实际上与当前流行的企业经营过程重构（business process reengineering，BPR）是一致的。

（2）地理规划。地理规划是指企业在进行供应链管理的过程中，应该根据企业的大小、规模以及实际操作的便捷性对供销厂家的分布进行合理的规划，保证在耗费最少资源的情况下达到最好的运作效果。我们这里所说的合理布局，不仅是指地理位置上的，也是功能位置上的，可以说合理的布局对原材料的及时供应、产品销售的迅速铺货具有十分显著的影响。

供应系统合理布局中需要考虑的关键要素主要包括以下几方面：总装厂与目标市场的距离及总装厂与其零部件厂之间的距离；目标市场地区的交通状况以及基础设施的总体水平；各个目标市场之间的联系便捷度和距离。

（3）资源规划。供应链管理中，企业应该对生产资源进行统一的调配。我们这里所说的调配包括两层意思，一是生产资源在企业内部的使用和分配，二是在生产资料引进上的调配。企业的供货商通常不止一家，为了保障这些供货商能够及时为企业的生产或经营活动提供充足的原材料，企业应该根据供货商的大小、规模、距离、运输难易度等因素进行合理的调配，保证原材料在某一两个供应商出现紧急状况不能供货的情况下按时、按量、按质供应。

（三）供应链管理的主要内容

1. 供应链的需求管理

当前，市场环境正在改变，从以前由生产制造商支配与引导市场和消费者选择商品，转变为由零售商和最终用户来引导市场，由客户向生产制造商发出他们何时需要何种商品的指令，制造商按此指令去生产完全符合客户的产品。这说明市场已从由生产制造商“推动”环境变为由零售商和客户“拉动”环境。这种趋势已显示了“大规模定制”的经营方式将更加符合市场和客户的需求。需求管理就是以供应链的末端客户和生产需求为核心，有计划地利用各种资源，协调和控制需求，以实现供应链上供需平衡的业务活动。

需求计划（demand planning，DP）主要指对客户需求制订计划和实现监控，它提供了一个多维的环境，使企业能够了解市场需求，并借助市场营销等手段引导未来市场需求，帮助企业识别那些能够取得最佳效益的产品，使管理者通过突显和排除需求管理中的难点来准确和有效地管理他们的需求。

2．供应链的供给管理

供应链贯穿企业生产、销售的各个环节，就生产环节而言，企业主要的管理任务就是保证供应链的合理供给，因为无论企业压缩生产还是提高生产都离不开原材料的供给。通过对企业供应链的有效管理，企业可以最大限度对各种生产资源的供给质量和供给数量进行控制，从而有效地保障企业产品的质量以及供应的稳定性，实现供需平衡。对供应链的供给管理可以有效地沟通市场需求与资源供应，保证市场需求发生变化时企业能对生产和原材料供应做出迅速的反应。为了保证供应链运作真正实现供需平衡，能够快速反应和高效运作，必须加强供应链的供给管理。

供应计划（supply planning，SP）用于决定何时、何地为何种需求提供供给，如物料、部件、设备、车辆、人工和设施等资源，以实现供与需的平衡，满足客户的订单与需求。

3．供应链协同管理

供应链协同是供应链运行过程中，供应链各个功能节点上的企业之间对往来的业务交往间的一种运作和管理模式，从其在供应链运行过程所起到的作用这一角度，我们也可以将其看作是保证供应链顺畅运行的一种企业连接方式，从本质上来说它是一种管理手段。

（1）企业内部的协同。每个企业都是由不同的职能部门构成的，在企业经营运作的过程中每个企业部门都有自己的运营特点，这些部门以企业的战略目标为出发点，从不同的角度为企业总体战略目标的实现提供支持。企业的职能部门并不是独立的，虽然它们都有自己的运营周期和运营目的，但都是统一在企业总体战略目标之上，在实现企业战略目标、完成企业生产经营任务的过程中，这些职能部门相互协作、相互联系，它们各自职能的有机整合保证了整个企业的稳定运营。在企业经营过程中，不同的职能部门，如采购、库存、生产、销售以及财务部门等，需要一种科学有效的管理方式将它们的职能有机地统一起来，从而保证各个部门的职能组合发挥出最大的作用，这种管理方式就是供应链协同管理。

（2）供应链企业间的协同。供应链企业间的协同是从供应链运行的整体来说的，这里所说的实际上是指供应链上各个环节参与企业之间在合作过程中最协调、最科学的组合。供应链企业个体虽然是独立的，但是在供应链系统中其承担的仅仅是供应链功能的某一个环节，它必须与其他环节的企业相互联系才能实现自己在供应链系统中的功能。在供应链运行的过程中，科学安排交接产品、提取库存、安排运输对企业供应链运行的效率性有着重要的影响。

（四）供应链管理的作用和优势

1. 供应链管理的作用

（1）可实现供求的良好结合。现代经济中的货物流通不是某一家企业可以单独完成的，物流系统的运作是不同企业在流通领域中通力合作的结果，比如原材料供应商、产品生产商、分销商以及商品零售商等，其在物流系统运作的过程中彼此联系、相互依赖。在传统的物流系统中，由于整个物流系统过于冗长，并且存在很多不必要的物流环节，这不仅会增加物流系统运行的成本，也会使整个物流系统的联系变得复杂，信息的收集和反馈更加困难。这是因为第一手的市场反馈、库存管理等信息都不容易直接获取，这会造成物流信息的失真，为企业决策带来困难。在供应链管理模式下，这种情况可以得到很好的解决，因为供应链将商品运送的流程缩短，加上物流管理信息系统的使用，保证了企业所获取信息的准确性和真实性。

（2）可促使企业采用现代手段。在供应链管理中，现代信息技术得到了广泛地应用，在电子信息技术的帮助之下，企业物流供应链的运行将会变得更加顺畅。在供应链这个整体系统之中，不同的企业有不同的职能，他们在供应链中发挥的作用也各不相同，但是他们的决策和管理信息的发布都要依靠先进的物流信息管理系统。在先进技术与设备、科学的管理方法以及物流信息系统的促进下，企业的活力会得到极大的激发，从而为企业的发展打下良好的基础。

（3）可降低库存，降低成本。供应链的高效率运作是各个环节参与企业共同努力的结果，如果任何一环出现差错，对整个供应链的运行都会造成影响。因此，供应链各企业之间因为联系比较紧密，双方之间的信任度比较高，并且还有高效的合作体系与协调机制，产品在这些企业之间的流动会比较快。在供应链的实际运作过程中，先进管理方式与物流管理信息系统的引入使得供应企业能够根据消耗企业产品的市场表现来科学确定其原材料或者配件的需求，双方采取的多频次、小批量供货方式使得产品的库存大幅减少，可以大大节约成本。

2．供应链管理的优势

（1）能减少从原材料供应到销售点的物流流通时间。在物流管理中，时间是检验管理和规划是否合理的一个重要指标，也是某些情况下供应链管理的目标核心，因为时间效益所带来的隐性价值是企业获取经济利益的一个必要条件。供应链中每个环节的企业都应能对市场的变化、运输的突发状况等各种问题做出迅速的反应，实现供应链各环节即时出售、即时生产、即时供应。要实现这一点，供应链各环节的企业必须要紧密合作，建立全方位的信息传递、分享和交流平台，建立起对市场信息的全面监控，一旦市场供求发生改变，企业可以迅速对销售策略进行调整。

（2）可减少社会库存，降低成本。供应链各个节点的企业之间合作的时间比较长，相互之间的信任度比较高，那么在合作中的沟通和协调也就变得简单了很多，这对提供企业货物流转的速度，降低整个物流链的时间成本和经济成本具有极为重要的意义，因为各个企业之间的有效协调和沟通可以将不必要的物流环节省去，从而保证供应链的高效运作。

（3）可提高产品质量。供应链中企业之间的合作是互利互惠的，因为先进的管理经验、生产技术等要素会随着双方的合作和商品的不断流转得到传播，如果每个企业都有一个优点值得去学习，那么在整个供应链系统中，企业有很多经验去学习和体验，这对改善企业的管理水平，提高产品的质量具有重要的意义。

（4）可使企业组织简化，提高管理效率。供应链管理最重要的就是对信息的掌控，供应链系统的管理离不开互联网技术与电子信息技术的支持。在互联网技术和电子信息技术的支持下，供应链管理人员能够对整个供应链运行的状态进行实时监控，可以对供应链系统中发生的任何问题进行迅速的反应，保证整个系统的稳定运行。另外，在该技术的支持下，企业供应链的管理人员能够对最新的市场信息和物流信息进行精确把握，以此为基础企业可以随时调整自己的销售策略，并且能够有效地提升产品的销售满意度，尤其是对产品配送的满意度。

（5）可以从经营战略上加强企业的竞争优势。市场经济发展到今天，竞争已经成为企业生存下去的唯一途径，没有竞争就没有进步，没有进步企业就会逐渐被市场淘汰。当前竞争已经不能看作是某一个企业的单打独斗，因为经济的全球化使得产品原料的生产、加工、组装、运输已经不是一个企业可以完成的，现代经济条件下的竞争实际上是不同经济利益体之间的竞争。在激烈的市场竞争中，企业面临的竞争需要从供货商、产品运输、产品的销售和配送等多点同时争取优势，稳定运行的供应链往往能为企业提供很多帮助。

（五）供应链管理的框架构建

在美国召开的全球供应链论坛会议给出了供应链管理的一个概念上的框架，该框架更侧重于与供应链相关联的特性、成功设计和管理供应链所需进行的流程。该供应链框架包括了三个部分：供应链网络结构、供应链业务过程和供应链管理组件（见图 1-1）。

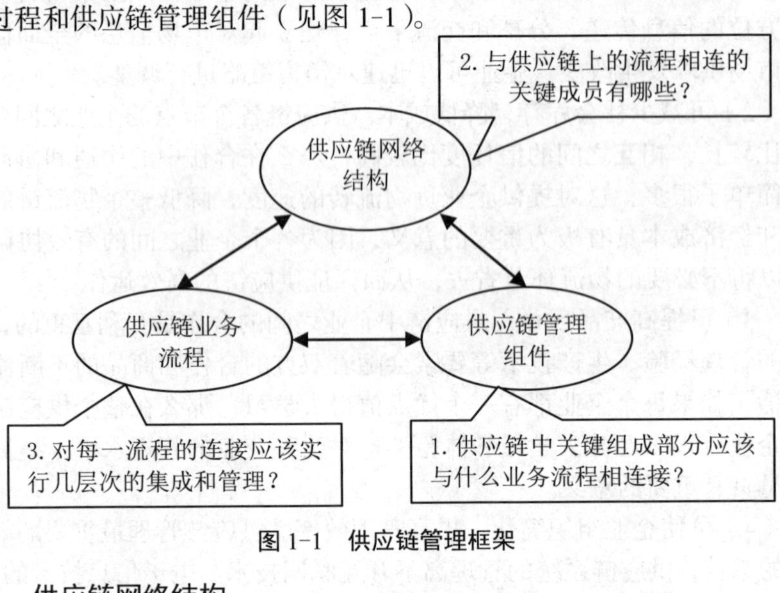

图 1-1　供应链管理框架

1. 供应链网络结构

（1）供应链网络结构及其关联性。一个企业的网络结构有三个主要的方面，要确定一个网络结构，就需要确定供应链上都有哪些组成部分，即有哪些成员参加，这些组成部分的类型会影响整个网络的复杂性。如果无法确定这些因素，则集成和管理与整个供应链上所有成员相连的业务过程将无法得到预期的目标。同时还需要确定哪些成员是供应链成功运行的关键因素，以便对资源进行合理地分派和管理。供应链的成员包括所有直接或间接通过其供应商或客户相互作用和影响的企业、组织，从原材料供应端一直到商品消费终端用户。为了使一个非常复杂的供应网络更易于管理，需要适当地去区别主要成员和支持成员。

（2）供应链网络中成员的区别和确定。供应链成员包括主要成员和支持成员，是根据全球供应链论坛所给出的定义来确定和区分的。依据这个定义，供应链的主要成员是那些独立的企业或策略业务单位，它们在供应链中实现重要的增值活动，在业务实践过程中为用户和市场创造一个有具体价值的结果。而支持成员是那些仅仅为供应链上主要成员提供资源、服务、知识、公共能源和资产等的企业。这些支持成员支持了供应链上的主要成员。同一个企业既能从事主要的业务活动，也能从事支持的业务活动。同样，也能针对一个业务过程从事主要的活动，而对另一个业务过程从事支持的活动。值得注意的是，这个定义对供应链上成员的区分不是很明确，界限也不明显，但是它对供应链成员的管理提供了一个合理的简化，给出了供应链业务流程上关键成员和支持成员的基本特征。该定义还可以用来对供应链的资源供应端和产品消耗端进行定义，定义是这样描述的：在供应链的源端（资源供应端）的前端不存在主要的供应商，对源端成员而言，所有供应商是独立的支持成员，而消费端不再有进一步的增值，只是消费产品和服务。

（3）供应链网络维度的确定。在分析和管理供应链时，网络的结构维度是基本的要素。供应链的结构主要有水平结构和垂直结构。水平结构取决于横跨供应链层次的数目，供应链可能很长，有很多层，也可能很短，只有几层。以散装水泥供应链流程为例，其网络结构就相对较短，原材料从地面上取出，与其他材料组合一起制成水泥产品，经过短途运输就可用于建造建筑物。垂直结构取决于供应链在每一层次内成员的数目，例如，一个企业可以有一个前端狭窄的垂直结构，只有少数供应商，或有一个宽广的末端垂直结构，具有较多的客户。

2. 供应链管理组件

供应链的管理组件可分为两组。第一组是物理上的和技术上的管理组件，它包含了企业中最显著的和易改变的、切实的和可测量的组件，其中包括：计划和控制方法、工作流、活动构架、组织构架、通信和信息流设施构架以及产品流设施构架。第二组是管理上的和行为上的组件，包括：管理方法、权力和领导层构架、风险和报酬框架。管理上的和行为上的组件定义了一个组织的行为和影响，并指导和实施物理的和技术的组件。如果第二组的组件之间不能结合起来推动和加强组织的行为对供应链目标和运行的支持，则供应链就可能不具有竞争力且无法获得更多的利润。如果在物理的和技术的组中有一个或多个元件变化了，相应地在另一组中的元件就可能需要调整。成功的供应链管理基础是建立在每一个供应链组件的相互依赖和相互理解上的。这两组组件如图 1-2 所示。

图 1-2　供应链管理组件示意图

（六）实施现代供应链管理的意义

随着世界经济一体化趋势的不断增强，就全球范围而言，企业之间的联系日益密切，相互间的依赖也越来越强烈，因为生产的高度专业化使企业很难单独完成一件工业制成品的加工制作过程。在相互间的利益纠缠越来越紧密的情况下，竞争的核心要素已经不仅是价格，企业服务的竞争也成为赢得客户与消费者的重要砝码。在现代经济管理学的教学当中，很多西方的高校以及管理人员的培训机构都将供应链管理这门课程列入教学当中，供应链管理在未来经济发展和企业竞争中发挥的作用可见一斑。我国的供应链管理刚刚兴起，在工商业部门和其他领域的发展还处于刚起步的阶段，管理水平有待提高，管理经验还较为欠缺。为了适应世界经济发展的潮流，我国企业和学术界都对供应链管理进行了探索和研究，并根据我国国情和企业物流开展状况，开展了一系列有中国特色的供应链管理的研究和实践。

第二节　供应链管理的产生背景

（一）经济全球化

20 世纪 80 年代以后，信息通信技术以及计算机技术的广泛应用使得经济全球化的趋势不断加快，以全球经济为基础的国际市场逐渐走向成熟。专业化和标准化是企业开展国际经济和贸易的重要手段，这是因为跨国贸易的采购、生产、销售随着知识经济和信息时代的到来，出现了极为明显的区域分工，这样做可以最大程度地利用和发挥跨国企业在国际贸易中的优势，提高自己的竞争力。在这种业务合作中，企业的部分职能并不是由自身的职能部门完成的，而是通过企业的外包合作伙伴实现的。这些企业具有很强的专业性，从某种意义上来说其比企业自身的职能部门更专业更高效，能更好地满足企业的工作需要。企业通过这种手段提高自身的管理效率，更好地参与国际竞争，这样企业既可以保持一定的国际竞争力，又与贸易对象国紧紧地融合在一起，增强了抗风险的能力，减少了外界干扰。

供应链形成后，参与国际竞争的跨国贸易和生产企业进一步强化了经济全球化的趋势。因为供应链的跨国公司在全球范围内寻求合作伙伴，在众多的选择对象中择优选择，结成广泛的生产、流通、销售网链成为一股潮流和趋势。

（二）社会信息化

互联网的发明和应用具有伟大的划时代意义，它不仅带动了经济的发展、社会的发展，还把人类的发展向前推进了一大步。就经济和贸易领域而言，信息可以跨越国界和地域实现迅速的传播和交流，网络已经成为了现代经济实现质变的内在动力。就目前的经济发展状况来看，大型的跨国企业只要具有雄厚的资金实力，对企业的市场定位比较科学与准确，就能在全球市场上选择优秀的业务合作伙伴，迅速构建起一条国际物流供应链。这种全球化的运作，由于企业不需要为产品或者原材料的物流管理和加工费用支付过高的成本，并且还可以实现对供应链管理的远程控制和运作，这对于加快企业产品以及原材料的物流运送周期具有极为积极的意义。物流信息系统的应用使得企业能够通过互联网对产品运输以及存储的每一个环节进行监督，并可以随时掌握货物运送的情况，这对于提高企业的产品满意度以及企业及时了解其产品的市场反馈情况具有重要的意义。

（三）知识创新

随着社会经济和科技的不断发展，管理学、系统学、运筹学和组织学有了长足的进步，各个跨国、跨区域、跨行业的外包服务企业拥有一批高精尖的人才队伍，掌握了最新的技术手段和专业知识，能够为企业提供专业化的服务，帮助企业完成一些企业原来完成不了或者成本过高的工作项目和工作内容。在新型经济中，企业与服务外包企业可充分利用计算机和互联网技术对经济产生的推动作用，为客户设计出最佳供应链组合，构筑一整套高效益、低成本的供应链管理方案。

第三节　供应链管理的发展趋势

进入新世纪以来，经营环境不断变化，在这种环境下企业的营销机制也在不断发生变化，新的营销方式的确立使企业不得不在物流战略、服务策略上不断突破，以获取市场竞争的优势。首先，全球物流竞争加剧的态势，我国国有企业、民营企业和外资（含中外合资）企业“三足鼎立”的发展格局，构建和谐社会的大背景等，都要求物流界打造规范有序、公平和谐的现代物流体系。其次，货主物流需求不断向高度化方向发展，表现为追求在必要的时间配送必要数量、必要商品的多频度。最后，经营环境和新型营销机制也对企业的产品销售、原材料供给等供应链物流环节产生了重要的影响，其最基本的变化就是物流经营企业以及企业间的物流服务竞争激烈。

批量运输也就是即时制管理（just-in-time，JIT）运输，是一种效率高、成本低的物流运输管理方式，这种运输方式逐渐普及不仅为消费者带来了实实在在的好处，也逐渐成为物流经营的一种标准。

随着全球经济一体化的快速发展以及中国物流的深化发展，高端物流开始受到关注和重视，成为物流探索的新的重点。在这一环境下，企业该如何根据自身的经营特点适时、有效地开展物流战略成为企业谋求长远发展的重大课题。供应链物流管理未来的变革和发展将突出体现在以下几个战略方面。

一、和谐化物流战略

物流供应链强调的是协同共赢，其核心文化内涵就是和谐精神。世纪之交以来，我国现代物流业高质量快速发展，正在成长为国民经济颇具活力的新兴产业。现代物流产业是一个跨部门、跨行业、跨地区的复合性产业，因此，现代物流发展涉及方方面面，要建立各相关方面协商、协调、协作的良性机制，形成市场配置资源、政府营造环境、企业积极运作、行业协调自律的统一、高效、和谐发展物流的新局面。和谐物流要求物流供应链系统内部各要素之间以及内部要素与外部系统之间相互协调、均衡发展，强调系统各组成部分的协调、均衡发展与整体最优。因此，和谐物流战略要求在宏观层面上建设和谐的物流生态圈，形成物流商与供应商、流通商及其关联行业的和谐共处，营造物流商与监管部门、行业组织、教育咨询等机构的和谐相处氛围，需要建设和谐的物流产业圈，形成采购、配送、仓储、包装等物流环节的和谐发展。

二、即时化物流战略

（一）即时采购

即时采购兴起的时间并不是很长，它是一种比较先进的产品采购模式，也可以用于商品和原材料的调度以及运输。即时采购的基本思想是“恰当”，包括恰当的时间、恰当的地点，恰当的数量、恰当的质量，在满足这几个“恰当”的前提下将商品或者原材料从上游厂商运送到目标厂商。即时采购是由标准化生产发展而来的，最初人们使用这种采购策略是为了将库存的浪费以及库存损失降低，经过长时间的改造和完善，即时采购已经成了一种体系丰满、运作成熟的采购方式。标准化不仅要达到产量上的均衡，而且还要保证品种、工时和生产负荷的均衡，它实际上是均衡生产的高级阶段。从经营目的来说，现代企业采用标准化的物流策略，主要是着眼于建立起对一部分小批量、多品种市场需求领域的快速反应机制。标准化物流策略主要有以下特点。

（1）在生产方式上，生产线上同时加工由多个品种组成的生产批量。

（2）在生产计划上，按日期对企业的生产计划进行安排和管理，市场一旦出现变化，企业可以灵活且迅速的对生产计划进行调整。

（3）在生产工程上，采用混合装载搬运，可以最大效率提高企业物流管理的效率。

即时采购不仅需要严格的纪律性和极强的执行力，还要与供应链上游的供货企业建立良好的合作关系，提高双方之间的信任程度。

就传统的企业采购而言，交易的双方只是按照合同的规定履行自己的义务，是一种单纯的交易关系，在这种情况下企业的供货商数量比较多，采购物品的质量和规格也不尽相同，为后续的使用加工工作带来了不小的困难，也对产品的质量产生了一定的影响。

在即时采购条件下，供应链企业之间可以通过物流信息管理平台对供货的规格和质量等进行协商与沟通，确定统一的供货标准，经营行为能充分对应下游企业的标准化生产，做到同步工程，这样在供货方面可以在供应链内部实现标准化、统一化。

（二）即时销售

对于生产企业而言，物流管理不仅仅具有采购这一内容，销售更是物流管理所涉及的另一个重要内容，也是企业花费时间和精力最多的地方。随着企业职能的分化，尤其是生产与销售的分离，物流系统也呈现了出了不同的发展趋势。

对于生产企业而言，物流中心集约化是企业采用即时销售策略的主要体现，物流中心的集约化就是将企业分散在各个企业的运输、存储等物流业务集中到一起来进行管理和实施。在物流集约中心，现代化设备和基础设施建设可以实现物流活动自动化和智能化，最大限度地提高商品的装卸、包装、入库等工作的作业效率，缩短整个物流活动的过程。

对于零售企业而言，物流中心有分散化、个性化发展的趋势，也就是物流中转机构、货物配送机构的设立会对应服务范围内的零售商设立。这样做可以最大限度地提高货物配送的速度和效率，提高企业产品的好评度。

即时销售体制不仅仅包括我们传统意义上的各种设置，还包括电子物流信息系统和平台的搭建，因为就当今物流系统的作用和功能而言，如果没有物流信息平台的支持，那么整个物流信息系统存在的意义也会大打折扣。现代信息技术的主要作用体现在两个方面，一是提高物流系统的运作效率，二是实现订货、发货自动化，真正做到销售的在线化、正确化和即时化。

三、高度化物流战略

（一）互联网物流战略

信息技术已经应用和渗透到了社会和生活的方方面面，互联网在市场领域的应用、扩散以及迅速普及，使得传统的交易方式发生了巨大的变化。尤其是网络购物的兴起，更是对企业的经营理念和物流管理理念带来了巨大的冲击。

企业互联网物流战略主要有以下作用。

（1）在互联网和电子信息设备的支持下，网上采购和配销成为企业重要的商品销售方式。网络购物极大地简化了传统物流烦琐的环节和手续，降低了产品的物流成本，并且可以帮助企业获得最直接的产品市场反馈信息，对企业产品的升级改进具有重要的推动作用。

（2）互联网的引入可以大幅度降低企业的经营成本，因为企业沟通、顾客沟通足不出户就可以完成，而这一点在传统物流中是难以想象的。如今，互联网物流作为物流管理的一种新趋势正在企业实践中广为应用，如通用电气、丰田等都在积极推动互联网物流的发展。

需要强调的是，互联网物流的兴起并不是彻底否定了传统物流，恰恰相反，传统物流和新兴的互联网物流并不是对立的，某种意义上说它们同出一源，是相互依存、相互促进的。之所以这样说是虚拟化企业之间的合作必然在实践中产生大量的实体商品的配送和处理，而这些管理活动必须以发达的物流网络为基础才能够实现，或者说互联网物流是建立在发达的实体物流网络基础之上的。

（二）绿色物流战略

随着人们环保意识的增强和对自然与人类的关系认识不断深入，各国已经开始着手对粗放的经济发展模式进行调整和改造，希望通过市场的调节和政府的宏观调控逐步实现经济和社会的转型，建立一个资源协调、环境友好的社会。现在我国的经济发展和社会生活已经开始受到环境污染的困扰，从经济发展的角度来说，环境的污染使得企业产品的质量难以得到保障，并且治污成本大幅上升，影响企业盈利。从社会生活的角度来看，环境的污染给人们的健康带来严重的影响，比如冬天的雾霾天气使呼吸道疾病的患者数量猛增，环境污染已经给对我国人民的生命和健康安全构成了威胁。

发展绿色经济的同时当然也要发展绿色物流，从实际操作来说，绿色物流的主要目标是节能、减排，通过新型能源以及治污技术的使用减少企业的污染排放，从而达到保护环境的目的。比如，在物流管理过程中供应链企业可以利用先进物流技术和管理方式对运输线路、仓储、装卸、流通加工、配送、包装等环节进行科学的规划与设计，以最小的资源消耗来完成企业间的物流活动。绿色物流是现代先进物流活动的延伸，它符合社会的发展规律，随着社会的发展以及技术手段的进步，绿色物流必将成为未来物流发展的主流。

构建节能、低耗、环保、安全的绿色物流，不仅是经济转型的基本要求，同时也是我国社会发展的必然选择，绿色物流是时代发展的需要。随着地球一些资源的消失，人类如何延续自己的生存与发展是新世纪人类必须要考虑和解决的一个问题，因为人类对资源的过度开发利用和环境的逐渐恶化，已经为人类的发展敲响了警钟，因此用较少的能源和物耗、最小的污染和环境代价保证人类的发展在当前阶段是必须要引起我们重视的。采用绿色物流可以减少对资源的消耗，减少环境污染和资源浪费，对我国社会发展具有重要的促进作用。

第四节　供应链管理绩效及评估

一、绩效评估指标选取的历史发展过程

20 世纪 50－60 年代，由于客户需求大于供给，企业的主要任务是以最低的成本生产出尽可能多的产品，以实现利润最大化为战略目标。在这种情况下，企业选取财会指标（例如杜邦财务分析系统）作为绩效评估的唯一指标是无可厚非的，这时期企业通过投资报酬率、经营收入、投资回收期等来衡量经营管理绩效。

进入 20 世纪 70 年代以后，随着卖方市场向买方市场的转变以及市场竞争的加剧，企业管理的重心逐步由成本管理向客户关系管理发展，单纯以财务指标作为绩效评估指标的弱点暴露无遗。

20 世纪 80 年代后期，由于供应链的兴起，人们对企业绩效评估强调综合的企业绩效评估指标体系，即财务指标和业务指标相结合的企业综合绩效评估。如德鲁克的改革论绩效评估法、霍尔的“四尺度”法、卡普兰和诺顿的平衡计分法、内斯和库克扎的 ABC 成本核算法、EVA 评估法以及克罗林和林奇的等级制度法等。

二、传统绩效评估指标的特点

传统绩效评估指标以财务指标为唯一标准，这种指标的选取存在以下缺陷。

（1）鼓励短期行为。例如为了获取短期利润最大化，企业决策者常常推迟资本投资，从而造成企业发展后劲不足。

（2）缺乏战略性考虑，无法提供产品质量、客户响应度和柔性等信息。

（3）鼓励局部优化，而不是全局最优化，如为了使员工和设备一直处

于工作状态而设置生产缓冲库存。

（4）鼓励管理人员千方百计地最小化标准偏差，而不是寻求持续改进的方案。

（5）无法提供有关客户需求、竞争对手的运作方式、市场发展趋势等方面的信息，为企业决策提供的支持十分有限。

（6）只能提供历史绩效信息，无法预测未来的绩效发展趋势，应用范围受到限制。

三、供应链管理新的绩效评估系统

在供应链管理体系中，为了确保供应链能够健康、可持续地发展，建立科学、全面的供应链绩效评估体系，已经成为一个迫切需要解决的问题。

（一）供应链管理绩效评估的概述

供应链是围绕核心企业，通过对信息流、物流、资金流的控制，从采购原材料开始，到中间产品以及最终产品，最后由分销网络把产品送到消费者手中的过程。全过程是由供应商、制造商、分销商、零售商、最终用户连成的一个整体性功能网络结构模式。供应链管理则是对整个供应链系统进行计划、协调、操作、控制和优化的各种活动和过程。

（二）供应链管理施行绩效评估的必要性

很显然，供应链管理的实施过程中，要耗费大量的人力、物力和财力，承受来自管理、组织和产品的风险，因此必须进行严格的核算和绩效评估，才能实现企业资源和社会资源的最大化应用。只有知道某一战略的成本和实施效果，才能使管理者做出有效决策。绩效评估机制作为保持战略层和执行层迈向共同目标的黏合剂，具有不容忽视的价值。另外，绩效评估工作能够准确地描述供应链的运营状况，并为供应链管理体系的优化提供科学的依据。

有效的供应链绩效评估系统，能有效解决供应链管理过程中存在的问题，其具有以下作用。

（1）评估企业原有供应链及发现原有供应链的缺陷和不足，并提出相应的改进措施。

（2）评估新构造的供应链及监督和控制供应链运营的效率，并充分发挥供应链管理的作用。

（3）作为供应链业务流程重组的评估指标，建立基于时间、成本和绩效的供应链优化体系。

（4）寻找供应链约束和建立有效激励机制的参照系，同时也是建立标杆活动、标杆节点企业和标杆供应链体系的基准。

（三）供应链管理绩效评估的特点

供应链管理绩效评估指标应该能够恰当地反映供应链整体运营状况以及上、下节点企业之间的运营关系，而不是孤立地评估某一供应商的运营情况。评估供应链运行绩效的指标，不仅要评估该节点企业的运营绩效，而且还要考虑节点企业的运营绩效对其上层节点企业或整个供应链的影响。通过图 1-3 可以看到目前传统的企业绩效评估指标主要是基于部门职能的绩效评估指标，不适用于对供应链运营绩效的评估，而供应链管理绩效评估指标是基于业务流程的绩效评估指标（见图 1-4），这是二者之间的差异所在。

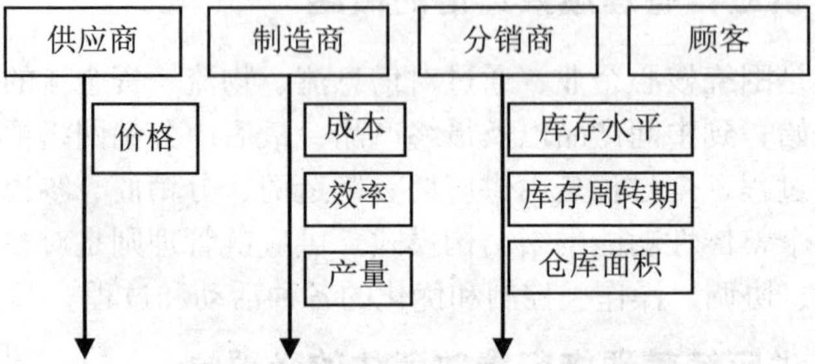

图 1-3　传统的基于职能的绩效评估指标示意图

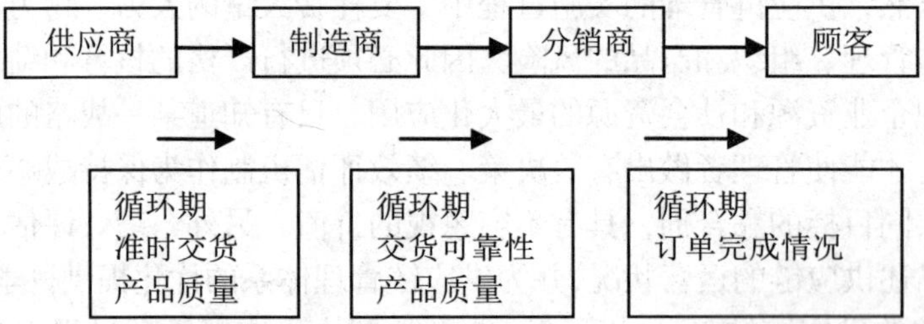

图 1-4　基于供应链业务流程的绩效评估示意图

基于供应链业务流程的绩效评估指标，描述了规划、设计、构建和优化供应链的途径和方法，突出了价值链社会化的增值能力。供应链管理绩效评估体系的建立，不仅应该考虑供应链管理的物流决策、关系决策和整合决策，而且还要综合考虑反映了供应链竞争优势的 ROR3（即反应回报，return on response；关系回报，return on relationship；重组回报，return on reengineering）方法（见图 1-5）。

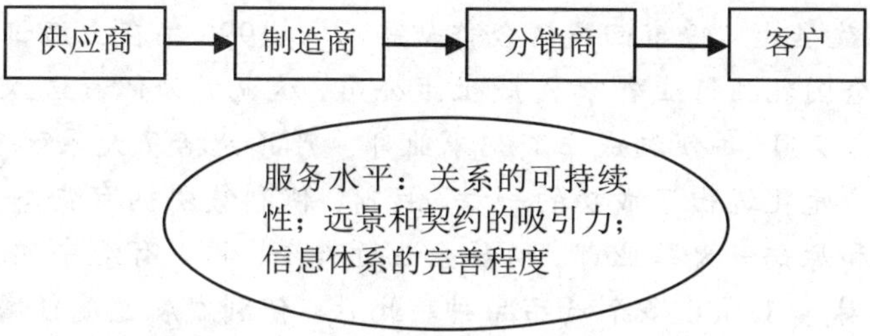

图 1-5　基于供应链关系的绩效评估指标

（四）供应链管理绩效评估的作用

一是用于对整个供应链的运行效果做出评估。主要考虑供应链与供应链间的竞争，为供应链在市场中的存在、组建、运行和撤销的决策提供必要的客观依据。目的是通过绩效评估而获得对整个供应链运行状况的了解，找出供应链运作方面的不足，必要时采取措施予以纠正。二是用于对供应链上各个成员企业做出评估。主要考虑供应链对其成员企业的激励，吸引企业加盟，剔除不良企业。三是用于对供应链内企业与企业间的合作关系做出评估。主要考察供应链的上游企业对下游企业提供的产品和服务的质量，从用户满意度的角度评估上、下游企业间的合作伙伴关系的好坏。四是除对供应链企业运作绩效的评估外，这些指标还可起到对企业的激励作用，包括核心企业对非核心企业的激励，也包括供应商、制造商和销售商之间的相互激励。

【案例分析】

伊利集团供应链管理

随着人们生活水平的提高，消费者对乳品的需求量也越来越大，这推动了乳品行业的高速发展。伊利集团依靠内蒙古大草原这个天然牧场的地理优势，自成立起就一直保持较为稳健的发展态势，逐渐发展成为乳品行业的领跑者。伊利集团拥有完整的供应链结构，长期以来也投入了大量财力、人力加大供应链的建设，但是却没有收到预期的效果。这说明在其快速成长的背后，隐藏了其供应链战略管理方面的弊端。

根据伊利集团的财务数据和同行业平均水平的对比分析，我们对其供应链战略的实施效果进行分析评价，找出伊利集团的供应链战略管理方面的不足，并提出合理的改进建议。

伊利集团（简称“伊利”）的前身是呼和浩特回民区成立的养牛合作小

组。1958年改名为“呼市回民区合作奶牛场”，1996年在上海证券交易所上市，成为全国乳品行业首家A股上市公司，这也成为伊利进入快速发展轨道的起点。2005年伊利成立酸奶事业部，产品包括7大系列90多个品种，向产品多元化迈出了成功的一步。目前，伊利集团拥有液态奶、冷饮、奶粉、酸奶和原奶五大事业部，所属企业近百个，旗下有纯牛奶、乳饮料、雪糕、冰淇淋等1 000多个产品品种。此后，伊利发展速度猛增，进入了发展的飞跃期，名列乳品行业前茅。2012年，伊利实现营业收入419.91亿元，净利润17.36亿元。

一、供应链发展

初期，伊利的供应链很简单，仅是“奶农—伊利—经销商—零售商”的模式。结构较为松散，无法实现规模化生产。

随着人们的消费水平和健康消费意识的增长，乳品需求越来越大，伊利随即加大奶源基地建设，从供应上游优化供应链，这一点在乳品行业中是处于领先地位的。伊利集团在上海、北京、河北等地收购建厂，并与当地政府协商与奶农合作，共同出资建设奶源基地。这一举措扩大了奶源，有效解决了奶资源不足的问题，大大提高了市场占有率。同时，这些奶源基地大多建设在集中了奶食品的消费主力军的全国重要城市，这有效解决了初期的生产地与消费地远距离运输的问题，有效降低了运输成本，缩减了运输周期。

至于供应链下游的销售环节，为了缩短销售周期，打破冷饮事业部的冰品销售渠道瓶颈，伊利将代销转化为直销，将重要城市经销商全部以配送商代替。2003年，伊利在北京地区已有70%的产品通过直销销售，在上海，伊利的冰淇淋销售由代理制全部转化为直销制，同时在技术层面注重实施冷链物流。

2006年是伊利集团全面实施供应链战略重要计时点。这一年，伊利集团开始在全国范围内实施一项计划——“织网”，其实质就是实现生产制造以及市场销售的一体化运作，并对每个市场进行进一步的精耕细作，全面实施供应链战略。

二、伊利实施供应链战略对企业绩效的影响

企业实施供应链战略的主要目的在于降低成本、减少库存、缩短周转时间。成本降低，毛利率会相应提高。库存的减少会降低存货保管、仓储以及运输的费用，也就是降低了管理费用和销售费用等期间费用，销售净利率和营业利润率都会增长。减少库存、缩短周转时间同时会提升存货周转率。综上所述，若是一个供应链战略能够在企业内有效地实施，一定会使企业获得更高的收益。

财务绩效可以衡量供应链的实施是否提高了企业收益，此处选取毛利率、营业利润率作为衡量指标。交货速度可以反映供应链下游的运行效果、顾客满意度等问题，此处选取存货周转率作为衡量指标。

2004—2008 年乳品行业的毛利率总体呈上升趋势，从 2004 年的 28.93% 增长到 2008 年的 31.42%。而伊利集团则明显处于下降趋势，尤其在全面实施供应链战略的 2006 年，更是低于同行业水平 1.67 个百分点，表明伊利集团的供应链战略并没有有效地控制成本。

2004 年伊利的营业利润率远高于行业平均水平，且呈现较为平缓的发展趋势。然而 2004—2008 年乳品行业的营业利润率呈大幅度增长，伊利集团的营业利润率却逐步下滑，2006 年起，下滑速度猛增，营业利润率从 3.35% 下降至 2008 年的-9.47%，降幅达 12.82 个百分点。

伊利集团的存货周转率在 2004—2008 年期间一直高于行业平均水平 4 个百分点以上，说明伊利集团的存货管理还是有一定优势的。但值得注意的是，在 2006 年行业平均存货周转率呈上扬趋势的时候，伊利集团的值却在下降。说明由于扩张生产导致的存货周转不畅并没有因为供应链战略的实施而得到改善。

综上可见，2006 年起伊利全面实行的供应链战略并没有对公司运行起到积极的作用，相反使得很多原来处于优势的项目指标下降到行业平均水平以下。这说明伊利的供应链战略实施存在诸多方面的不足，亟待我们发现与解决。

三、伊利集团供应链存在的问题

（1）奶源离散，协调难。作为供应链战略的起点，奶源的选取控制至关重要。虽然伊利在各大城市建有自己的奶源基地，但仍无法满足乳制品市场的需求。大量的乳品来源还是个体作坊形式的奶农散户。这虽然带动了农户的生产，推动当地经济发展，但却给企业带来了很大的难题。这些松散的奶农很难集中管理，导致奶源质量难以保证。另外，这些松散的农户与企业之间缺乏有效的联系网络，沟通不充分。导致企业对于奶源的供应量很难统计，对奶源的需求量也很难下达，导致供需不平衡，造成浪费且成本增加，或者提供不足奶源而耽误生产。这样就严重阻碍伊利集团规模扩张的步伐。

（2）企业内部供应链节点杂乱，缺乏信息沟通平台。伊利的整条供应链大部分掌控在自己的手里，除生产设备、包装材料需要外购外，其余从供应链源头的奶源供应到供应链尾端的销售环节基本都是伊利在运作。这样长的供应链集中在一个企业之中，必然会导致企业“大而全”的组织架构，各机构之间易产生相互牵连而导致职能效率低下、决策缓慢。尤其企业内部业务功能交互不足，同时又缺乏信息共享平台，导致企业资金流、物流和信息流的脱节，严重影响了企业的财务核算，同时致使企业难以有效监控业务过程和业务标准。

伊利集团的五大事业部，在财务上采取各事业部独立核算制，事业部独立管理其生产、渠道销售。这种方式下，各事业部有权限自主决策，有很强的自主性。但信息的多口采集、重复输入以及多头使用和维护致使数据缺乏一致性和正确性，降低了企业对于信息资源的使用和管理效率。这样，看似各个事业部都在独自高速运转，但会产生各部门工作重复叠加的现象，影响企业整体效率。

第二章　供应链的构建与优化

供应链是从供应商的供应商到客户的客户，供应链的构建和优化是一项复杂而艰巨的工作，也是供应链管理的重要环节，它涉及供应链组织机制、供应链成员的选择、物流网络、管理流程的规划与设计和信息支持系统等多方面的内容。供应链的构建与优化同时也影响着企业的模型构建，它既是从管理新思维的角度去改造企业，也是先进制造模式的客观要求和推动的结果。

第一节　供应链构建的体系框架

要理解供应链构建之间的相互关系，它体现了供应链规划的内容。供应链构建的体系框架见图 2-1。

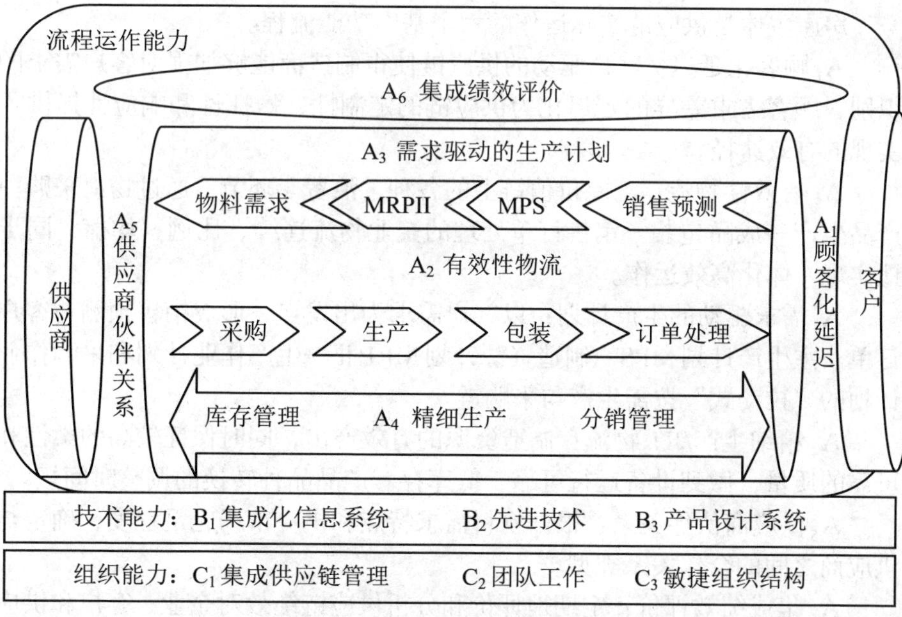

图 2-1　供应链构建的体系框架

如果把供应链构建看成一个房屋的构建，那么整个供应链构建的地基就是供应链成员的技术能力和组织能力，它为供应链的构建提供了有效而扎实的基础保障。左右墙体的支撑结构就是供应链结点企业之间的供需伙伴关系，房间就是供应链核心企业按订单生产的精细与敏捷物料流的运作框架，房顶就是供应链整体的战略绩效评价。

（一）供应链的关系结构

企业可以借助供应商关系管理系统（supplier relationship management，SRM）和客户关系管理系统（customer relationship management，CRM）来更好地获得所需的、由上游提供的产品和服务，以及更好地了解下游客户的需求，快速响应和满足其需求。

在下游分销链上，必须以“客户满意”为营销战略中心点，通过信息集成和共享及时掌握客户的需求及其变化，关注顾客需求差异的延迟化运作。在企业上游供应链上，必须以“双赢共盟”的经营理念为指导思想，与供应商结成长期的、稳固的和互惠互利的共赢伙伴关系。

（二）供应链的运作结构

房屋主体是供应链实际运作的六个基本功能流程。

A_1 顾客化延迟：客户驱动的供应链使得制造商能够加强对客户需求的识别，顾客需求差异的延迟化为供应链的定制性、敏捷性和响应性提供了实现的有效途径。

A_2 有效性物流：消除价值链上的各种“浪费”环节，通过物料采购→产品生产→成品包装→销售订单处理的企业物流连续、比例、均衡、同步地实现一体化高效运作。

A_3 需求驱动的生产计划：以客户需求为出发点，形成销售预测与客户订单→主生产计划MPS→制造资源计划MRPⅡ→生产作业计划和采购作业计划的“拉动式”按需生产与采购链。

A_4 精细生产/JIT物流：制造资源的有效产出，同时保证较高的柔性和可靠的质量，做到设备运行可靠、低库存、产品品种转换的调整时间短。

A_5 供应商伙伴关系：根据物料需求特点和供应市场充足程度，确定与供应商之间的合作关系类型。

A_6 集成绩效评价：定期地评价和分析供应链绩效对企业、客户和供应商的利益增值性。

第二节　供应链构建的原则和基本问题

供应链的构建就是要建立以一个重要的企业为核心，联盟上游企业和下游企业的协调系统。要想提高供应链管理的运作绩效，除了要有一个高效的运行机制外，构建一个优化的供应链系统也是极为重要的环节。

一、供应链构建的原则

构建一个有效的供应链，对于链上的每一位成员来说，都是至关重要的。它不仅可以减少不必要的损失和浪费，而且可以显著地改善客户服务水平、降低运营成本和赢得竞争优势。在供应链构建的过程中应该遵循以下几个原则。

（一）自顶向下和自底向上相结合的设计原则

在系统设计方法中有两种设计方法，即自顶向下和自底向上的方法。自顶向下的方法是从全局走向局部的方法，自底向上的方法是一种从局部走向全局的方法；自上而下是系统分解的过程，而自下而上则是一种集成的过程。在设计一个供应链系统时，往往是先由主管高层做出战略规划与决策，规划与决策的依据来自市场需求和企业发展规划，然后由下层部门实施决策过程，因此供应链的设计是自顶向下和自底向上的综合。

（二）战略性原则

随着经济全球化的发展，企业为了保持市场竞争优势，逐渐从传统的注重个别企业管理转变为重视供应链管理。而在实践中，供应链管理是需要成本的，特别是在供应链管理思想尚未完全深入人心，链上成员间的配合还不够默契的情况下，保持设计者的战略眼光，力图从全局的角度来规划和设计供应链，使得供应链的所有环节都向着同一目标运转，显得十分的重要。另外，在供应链竞争时代，企业的发展战略是依托供应链战略来实现的，因此供应链的设计与企业的战略规划需要保持一致。

（三）动态性原则

不确定性在市场中随处可见，供应链运作效率也会受到不确定性的影响。由于不确定性的存在导致需求信息的扭曲，因此要预见各种不确定因素对供应链运作的影响，减少信息传递过程中的信息延迟和失真。降低安全库存总是和服务水平的提高相矛盾。增加透明性，减少不必要的中间环节，提高预测的精度和时效性对降低不确定性的影响都是极为重要的。

（四）创新性原则

供应链是一个价值链，产品从原材料到成品再到客户手中的全过程实际上是在波特教授所谓的“价值系统”（见图 2-2）中运行的，包括上游价值、渠道价值等。供应链活动体现了这种价值的抬升。通常认为，产品在这个过程中肯定存在一个最低成本，而目前要达到这个最低成本还存在很大的空间。为此，在供应链设计中应具有创新的思想和眼光，打破传统企业管理中的常规和陈旧的思想，集思广益，大胆开拓和创新，为供应链管理新格局打下基础。

图 2-2　价值系统

（五）简洁性原则

为了能使供应链具有灵活快速响应市场的能力，供应链的每个节点都应是简洁而具有活力的、能实现业务流程的快速组合。比如供应商的选择就应以少而精为原则，通过和少数的供应商建立战略伙伴关系，有利于减少采购的成本，有利于实施 JIT 采购法和准时生产。生产系统的设计更是应以精细思想为指导，从精细的制造模式到精细的供应链是努力追求的目标。

（六）发展原则

供应链构建之后不可能一成不变。随着市场环境的变化，链上合作伙伴关系的调整，企业内部组织和其他因素的改变，原有的供应链可能会存在这样或那样的问题。例如，随着供应链的运转，某些环节可能会变得过于薄弱，成为制约供应链运转效率的桎梏，甚至会崩溃；又如，对于生命周期较短的产品，随着市场和客户需求情况的改变，企业的产品计划可能会经常地发生改变，并进而导致供应链结构的巨大调整。企业常常不只参与一个供应链，并且在不同的供应链中担当不同的角色，供应链中某个企业角色的变化必然会带来供应链的波动甚至构建上的变化。这些都要求我们在设计供应链时，尽量留有余地，只有这样才能防患于未然。总的思路是，所设计的供应链应该是充满活力而不是僵硬、死板的。另外，所设计的供应链应具有一定的自适应和自修补能力，能够随着市场环境的变化而自我调整、自我优化。

（七）互补原则

供应链的各个节点的选择应遵循强强联合的原则，达到实现资源外用的目的，每个企业只集中精力致力于各自核心的业务过程，就像一个独立的制造单元，这些所谓单元化企业具有自我组织、自我优化、面向目标、动态运行和充满活力的特点，能够实现供应链业务的快速重组。

（八）客户中心原则

供应链是由众多的有上下游关系的企业根据市场竞争的需要构建而成的。供应链在成员组成及相互关系方面虽然可以本着发展的原则进行动态的调整，但是，无论如何都应当自始至终地强调以客户为中心的供应链设计理念。供应链在运作过程中一般包括了新产品的开发与设计、原材料采购以及产品的制造、运送、仓储、销售等活动。这些由供应链上不同的成员做的事情，都应当围绕客户这个中心来展开。

二、供应链构建的基本问题

（一）供应链构建把握的要点

1. 供应链的整体性

供应链系统的整体性可以表述为：系统整体不等于各组成元素之和，即非求和原则，1＋1≠2。当整体小于各组成元素之和（即 1＋1＜2）时，虽然每个企业或部门的功能是良好的，但也许企业或部门步调不一，协同不好，供应链整体就不可能有良好的功能。当整体大于各组成元素之和（即 1＋1＞2）时，组成供应链的元素是企业或企业内的部门，供应链系统的整体功能取决于其结构系统中各组成企业或部门之间的协调关系，虽然每个企业或部门的功能并不很完善，但如果它们协同一致、结构合理，那么供应链整体依然具有良好的功能。

2. 供应链的相关性

供应链的相关性是指供应链各部分的特性和行为会相互制约、相互影响，相关性决定了系统的性质和形态。供应链内的企业或部门之间相互影响、相互依赖、相互制约，形成了特定的关系。从单个企业看，企业内部各组成部分之间的关系对供应链的性质和功能肯定起很大的作用，但是供应链的性质和功能更受组成供应链各企业之间关系的影响。这种战略联盟关系的强弱决定了供应链的特性，供应链的优劣或性能在很大程度上受它影响。

3．供应链的结构性和有序性

系统的层次结构和协调活动是现实世界中一些大系统所特有的结构性反映。供应链是按供需关系组成的结构，核心企业与供应商之间、供应商的供应商之间、销售商之间、销售商的销售商之间组成层层分布的网络结构。系统的有序性揭示了系统与系统之间存在着包含、隶属、支配、权威、服从的关系，统称为传递关系。换句话说，系统并不是孤立存在的，而是按有序性原则存在于某一层次结构中。供应链的结构不是杂乱无章的，它呈现出有序的特性。其实，供应链的有序性是显然的。只有供应商按时将核心企业需要的部件或原材料送到核心企业，核心企业才能组织生产或制造；只有供应商的供应商将部件或原材料送到供应商，供应商才有可能及时将部件或原材料送给核心企业。实践证明，供应链若不按这样的顺序组建和安排是行不通的。

4．供应链的动态性

物质和运动是密不可分的，各种物质特性、形态、结构、功能及其规律性，都是通过运动表现出来的，要认识物质，首先要研究物质的运动。系统的动态性使其具有生命周期，开放的系统和外界环境有物质、能量和信息的交换，系统内部结构也可以随时间而变化。一般来说，系统的发展是一个具有方向性的动态过程。供应链内部有三种形式流在流动：物料流、信息流、资金流。上游企业得到下游企业的需求信息，向下游企业传递供给信息和物料，同时，资金流由下游企业向上游企业流动。组成供应链的各个企业都在演变（或壮大或缩小），这些企业有的自己主动离开，有的被动离开。

5．供应链的目的性

人工系统和复合系统都具有一定的目的性，要达到既定的目的，系统必须具有一定的功能。所有系统都有功能，但不一定有目的。没有目的的系统不属于供应链的研究对象。供应链系统肯定有目的，正如前面分析的那样，供应链就是为了增强参与企业的竞争力、拥有更大的竞争优势而建立的动态联盟。一旦参与企业认为此联盟没有什么意义的时候，该供应链存在的目的性将变得很小甚至为零，此时，该供应链也就失去了存在的必要，它或者消失，或者重构。

6．供应链的环境适应性

任何一个系统都存在于一定的物质环境（更大的系统）之中，它必然要与外界环境产生物质、能量和信息的交换，外界环境的变化也必然会引起系统内部各要素之间的变化。为了保持和恢复系统的原有特性，系统必须具有对环境的适应能力，就像元素必须适应系统一样，之所以这样是因为：系统＋环境＝更大的系统。

一个设计精良的供应链在实际运行中并不一定能按照预想的那样，甚至无法达到设想的目标，这是主观设想与实际效果的差距。原因并不一定是设计或构想不完美，而是环境因素在起作用。因此，构建和设计一个供应链，一方面要考虑供应链的运行环境（地区、政治、文化、经济等因素），另一方面还应考虑未来环境的变化对构建的供应链的影响。这就要求我们要用发展、变化的眼光来设计供应链。无论是信息系统的构建，还是物流通道设计，都应具有较高的柔性，以提高供应链对环境的适应能力。供应链系统处于全球市场范围内，它是为了充分利用全球范围的优势资源（人才、知识、原材料、设备等）而建成的。它的适应性表现在能自我调整（如重构）以适应外部条件的变化。如果外部市场需要生产成本更低的产品才能适应竞争优选规则，那么它就必须重新调整自已的组织。

（二）供应链构建的条件

企业在构建供应链的时候必须综合考虑多方面的条件，主要包括客户服务目标、产品特性和市场覆盖范围。

1．客户服务目标

通常可从以下三方面来评价客户服务：产品的可供性、销售方和客户之间的信息沟通以及客户订货提前期的长度和一致性。在设计供应链时，管理者应该在仔细研究客户需求的基础上确定合适的客户服务水平。

（1）产品的可供性。特定订货提前期内的库存可供性是衡量客户服务的重要指标之一。衡量库存可供性指标的常用计算方法，是在某段特定时期内完整发货的订单数量占收到的总订单数的百分比。

（2）销售方和客户之间的信息沟通。信息沟通是指企业向客户提供及时信息的能力，包括订单状态、订单跟踪、延期订单状态、订单确认、产品替换、产品短缺等。供应链成员是否具有良好的信息系统是供应链设计时需要考虑的一个重要因素。使用自动化的信息系统，通常可以提高供应链的效率，同时减少发货、拣货、包装、贴标和文件等方面出现的差错。

（3）客户订货提前期的长度和一致性。订货提前期是指客户订单下达和收到产品之间花费的时间。订货提前期的长度和稳定性将影响整个供应链所持有的库存量。因此，订货周期的长度和一致性是供应链设计时需要考虑的重要因素。对于供应链下游的多数客户来说，提前期的稳定比提前期的长度更重要。

2．产品特性

产品特性是供应链设计时需要考虑的主要因素之一。在分析产品的特性时，应考虑以下几方面的因素：市场接受的程度、产品的技术性、产品的价值、产品尺寸、季节性、产品的易变质性、可替代程度和市场集中程度。

（1）市场接受的程度。市场接受的程度决定了所需投入的销售力量。具有市场影响力的制造商在推出新产品的同时，如果进行大量的市场推广工作，通常客户的接受度会比较高，中间商也乐意销售该产品。

（2）产品的技术性。高技术产品通常需要由销售员进行产品的演示，还需要较多的售前和售后服务，通常需要储备适当的维修备件。技术产品包括家用电脑、高价立体声音响、昂贵的照相机和视频设备、进口汽车以及多种工业品等。一般来讲，这类产品采用直接渠道和选择性或独家分销策略。

（3）产品的价值。单位价值很高的产品要求大量的库存投资。因此，高价值产品往往要求更短的供应链（更少的成员），使库存总投资最小化。相反，单位价值较低的产品，通常采用较长的供应链。一般来讲，密集分销适用于低价值产品。产品的价值还会影响库存持有成本以及对运输的要求。低价值、低利润的杂货产品可采用铁路车皮发送，储存在户外的仓库里。高价值的零部件和产品，如流行的时尚商品，可以通过空运来运输，使在途库存最小化，并降低库存持有成本和降价损失。

（4）产品尺寸。通常，考虑到运输费用的因素，价值低、重量沉的产品的销售市场相对比较局限。相反，对于重量轻、体积小的产品，由于单位产品分摊的运输成本相对较低，因此，产品的销售市场可以相对比较广。

（5）季节性。对有些产品来说（如圣诞节的玩具），销售量在一年中的某段时期会达到高峰。另外，有些产品只有在特定的时期才能生产，如新鲜水果和蔬菜等原材料。这两种情况都可能导致季节性的库存。制造商需要投资仓库，或使用第三方企业的物流设施，或让中间商持有库存，例如制造商向提早进货的批发商或零售商提供季节性折扣。

（6）产品的易变质性。易变质性是指产品的变质，或者指由于客户需求或技术的变化而造成的产品过期。易变质的产品通常采用直接的方式销售，要求供应链具有比较快的反应速度，并减少潜在的库存损失。

（7）可替代程度。产品的可替代程度与品牌忠诚度密切相关。当品牌忠诚度很低时，产品替代是很有可能发生的。一般来说，可替代程度较高的产品适合采用密集分销，企业需要在销售现场进行产品的展示。同时，为了获得批发商或零售商的支持，制造商通常会提供更多的优惠。

（8）市场集中程度。当市场集中在某个地理区域的情况下，短的供应链相对更有效和更有效率。不过，在市场广且分散的情况下，采用中间商相对更有效。例如在食品加工行业，许多企业通过中间商来销售产品。

3．市场覆盖范围

为了确定市场覆盖范围，管理者必须考虑分销类型、顾客购买行为、供应链成员以及取得成功所必需的控制程度等因素。

（1）分销类型。分销方式基本上有三种类型：选择性分销、密集分销和独家分销。

在选择性分销方式下，销售某种产品的经销商数量通常是有限的，但还没有达到独家专卖的地步。通过选择合适的批发商和零售商，制造商能够将管理的注意力集中在有赢利潜力的客户，并与之建立起牢固的关系以确保产品的市场销售。如果产品要求有专门的服务和销售支持的话，制造商还可能限制零售门店的数量。选择性分销适用于如服装、电视机、音响设备、家具和体育设备等产品。

在密集分销方式下，企业通过尽可能多的零售商或批发商销售产品。密集分销适用于如饮料、面包、方便面、洗发水和烟草等产品。对这些产品而言，影响采购决策的首要因素是方便性。

当单个经销商被授予在某个地理区域具有销售产品的独家特许权时，这种分销类型被称作独家分销。当客户愿意克服距离的不便去购买某种商品时，如特种汽车、某些重要的电器、某些品牌的家具以及某些品牌服装等享有很高品牌忠诚度的产品，这些商品以独家专卖的方式进行分销是比较合适的。

通常，当制造商希望批发商或零售商能更积极地销售，或者在渠道控制比较重要的情况下，制造商会采取独家分销的方式。独家分销可以加强产品的形象，并且使企业能够制定更高的零售价格。有时候为了向一家以上的零售商或分销商提供独家分销，制造商会采用多个品牌。相对于零售层次，独家分销更频繁地发生在批发层次。一般来讲，独家分销适合于直接渠道（从制造商到零售商），密集分销则更可能涉及拥有两个或更多中间商的非直接渠道。

（2）顾客购买行为。为了设计一个能够最有效率和最有效运作的供应链，必须事先了解细分市场潜在客户的购买动机。这一分析使设计者能够确定目标细分市场。营销人员还必须识别出潜在的用户，并确定对这些客户如何制定采购决策。

（3）供应链成员。有了客户需求和确定的分销类型，管理层必须为供应链选择成员。选择供应链成员时所考虑的因素包括财务实力、能力、业务发展的潜力以及供应链的竞争力等。

（4）控制程度。在许多情况下，为了维护企业的长期赢利能力，企业可能需要对供应链的其他成员施加某种控制，确保产品质量或售后服务。

（三）供应链构建的步骤

供应链的构建包含以下几个关键性步骤（见图 2-3）。

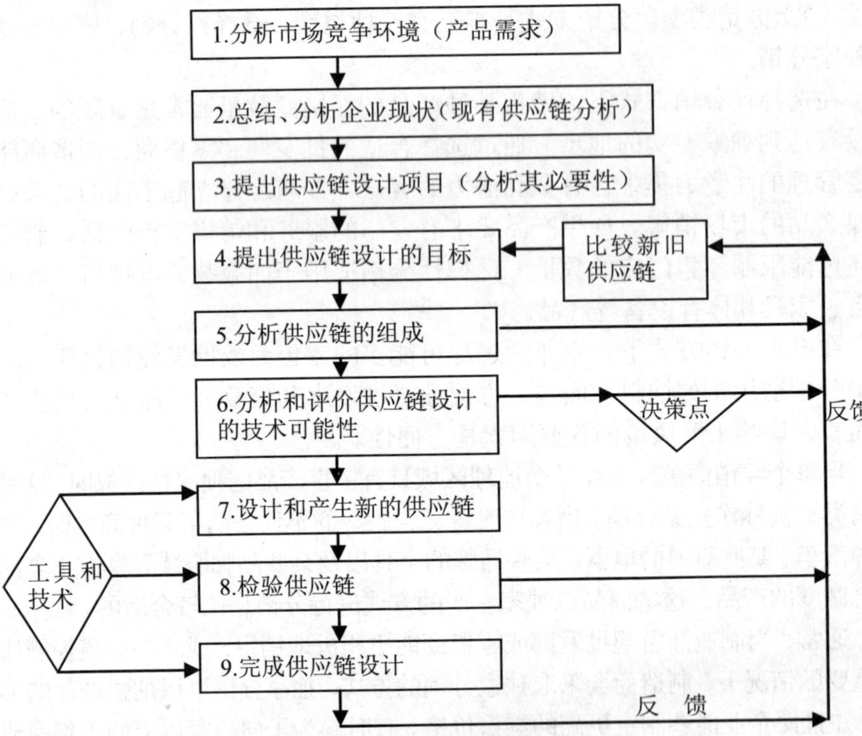

图 2-3　供应链构建的步骤模型图

1．分析市场竞争环境

分析市场竞争环境的主要目的就是寻找针对企业中哪些产品市场进行开发设计供应链才能提高企业的利润，所以在分析市场竞争环境的时候需要了解现在市场中所需要的产品需求到底是什么，产品的特征和类型是什么。通过对用户、卖主和竞争者进行深入的调查，了解到用户需要什么样的产品、所拥有的产品目前在市场所占的份额是多少，用户、卖主和竞争者对产品还有什么更多的需求。分析市场竞争环境的重点在于分析产品的重要性的排列顺序，同时也对于现在市场不确定进行衡量和分析。

2．分析企业现状

分析企业现状主要有两种情况：第一种是企业中还没有运用供应链管理，那么就需要分析企业目前存在的问题，提出供应链管理的需求；第二种是企业中已经运用供应链管理，那么就需要分析现在供应链的现状。这一步骤的主要目的是确定供应链在企业运用中的正确方向，分析和总结目前企业存在的问题以及为了解决这一问题而选择供应链管理的发展方向。

3．提出供应链设计

根据企业目前存在的问题的分析结果提出供应链设计的需求，并且根据企业的需求，提出供应链设计的必要性。

4．建立供应链设计目标

企业设计供应链就是为了能够获得更高的利润，而利润的提高需要在用户服务水平的提高和企业低库存与企业低成本这两者之间进行平衡。同时也需要完成以下目标：①顺利进入新市场；②研发新产品；③开发和拓展新的销售渠道；④不断改善企业的售后服务；⑤提高客户的满意度；⑥降低企业的生产成本；⑦通过降低库存率来提高企业利润等。

5．分析供应链的组成

不同企业供应链的组成成员各不相同，要根据企业的特点分析供应链的组成。一般来说，供应链中的成员主要包括分销商、供应商、销售商、零售商和用户。

6．分析和评价可能性

分析和评价可能性是企业供应链的一个决策过程，主要是根据以上的分析来确定设计供应链的方案是否可行，是否符合企业的需求特点，如果可行的话，就进行下面的设计，如果不可行，那就需要重新进行设计。

7．设计和产生新的供应链

正式设计供应链的时候，需要解决好以下问题。

（1）供应链中成员的确定。主要包括分销商、供应商、销售商、零售商、用户、工厂、设备等。

（2）企业中原材料的问题。主要包括供应商、价格、运输方式等问题。

（3）企业中生产计划的安排。主要包括需求的预测、生产产品的类型、企业生产能力的大小、生产计划的制定、供应给哪些零售商、库存问题、产品的物流运输情况等。

（4）企业的分销任务。主要包括企业产品的市场领域、产品的价格定位和运输等问题。

（5）企业的信息管理系统的设计。

8. 检验供应链设计

供应链设计完成之后，通过一定的技术和方法检验供应链的运用。如果检验不通过，那么就需要返回到第四步进行重新设计；如果检验通过，那么就可以正式开始供应链管理的实施。

第三节　供应链的结构模型

当前，供应链管理越来越显示出其潜力及重要性，但是当企业寻求一个可控的成本去满足当前高涨的用户期望值的途径的时候，改善像供应链这样复杂的过程是让人畏惧的，所以供应链的结构模型关系到供应链的运作和效果。为了有效指导供应链的构建，了解和掌握供应链结构模型是十分必要的，从独立企业间的关系出发，供应链结构模型主要分为链状模型和网状模型。

一、供应链链状模型

供应链的基本组成和概貌见图 2-4，黑方框表示核心企业，即所研究供应链的核心，白方框是这个核心企业的供应链成员。核心企业拥有 n 个供应商和 n 个客户，每个供应商又分别拥有 n 个供应商，每个客户又分别拥有 n 个客户，以此类推。整个链条从核心企业出发，依次到第 1 层供应商（客户）、第 2 层供应商（客户）、第 3 层供应商（客户）……直到最初的供应商或者最终的客户。各级别的供应商和各级别的客户中的某个节点相互连接便形成了该核心企业的供应链集。供应链集中的每个供应链的级别不等，如有的供应链有 3 级客户层，而有的供应链只有 2 级客户层。通过供应链集，最初的供应商从自然界中获取原料，经过多层的供应商和多层的客户，形成产品，最后到达最终客户手中。

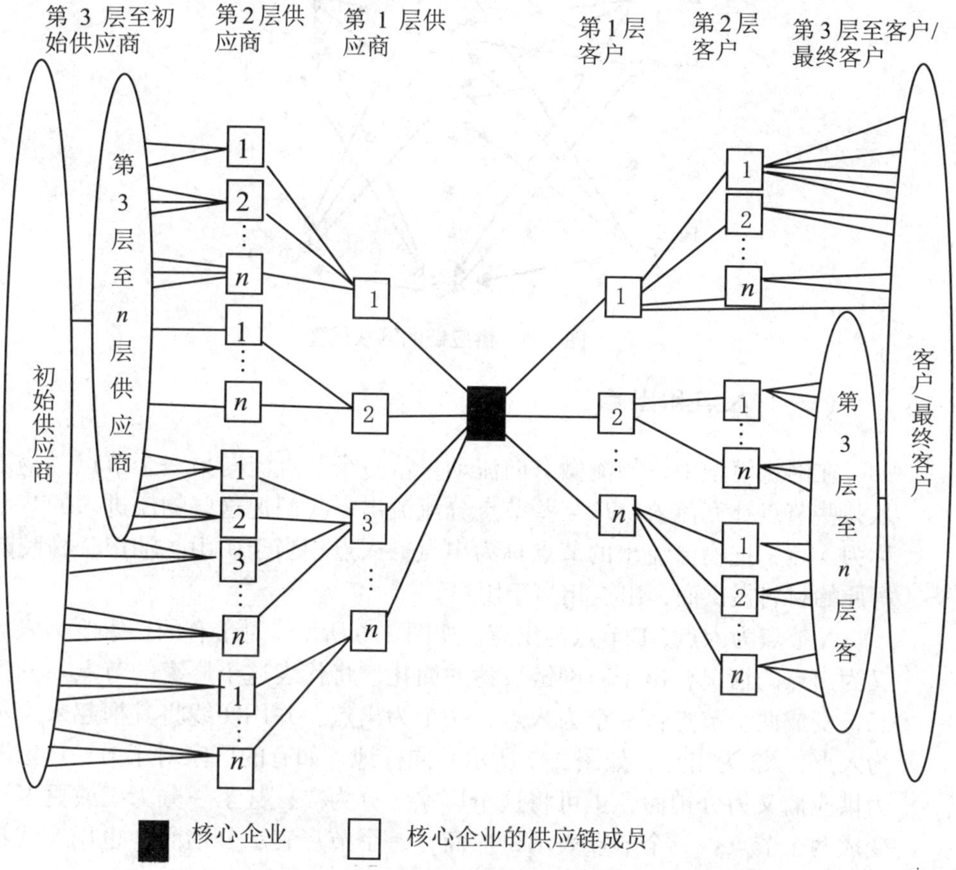

图 2-4　供应链的链状模型

二、供应链网状模型

网状模型体现了复杂的交叉关系，更能够体现出现实生活中商品的繁琐的供应关系（见图 2-5）。

在一般理论的基础上，供应链的网状模型能够关联到世界各地的供应商，把这些供应商都看成是其中的一个节点的话，那么这些节点之间就存在着一定的联系。但是这些供应商之间的联系程度是各不相同的，有些联系密切，有些联系不多，而且彼此之间的联系是不断变化着的。

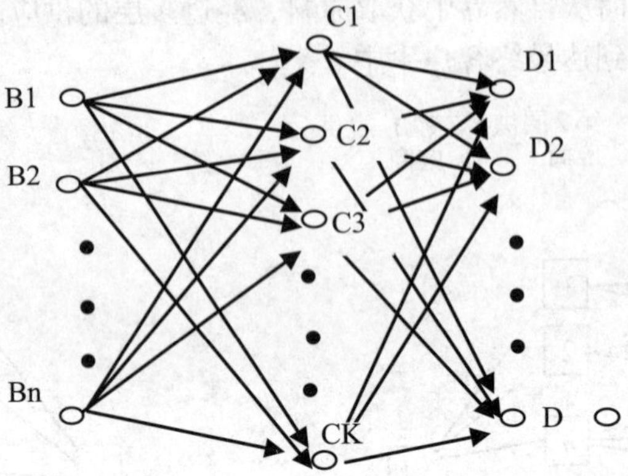

图 2-5　供应链的网状模型

（一）入点和出点

在网状模型中，物流做有向流动，从一个节点流向另一个节点。物流从某些节点补充流入，从某些节点分流流出。我们把这些物流进入的节点称为入点，把物流流出的节点称为出点。入点相当于矿山、油田、橡胶园等原始材料提供商，出点相当于用户。

A 节点为入点，F 节点为出点，如图 2-6 所示。对于有的厂家既为入点又为出点的情况，出于对网链表达的简化，将代表这个厂家的节点一分为二，变成两个节点：一个为入点，一个为出点，并用实线将其框起来。A1 为入点，A2 为出点，如图 2-7 所示。同样地，如有的厂家对于另一厂家既为供应商又为分销商，也可将这个厂家一分为二，甚至一分为三或更多，变成两个节点：一个节点表示供应商，一个节点表示分销商，也用实线将其框起来。

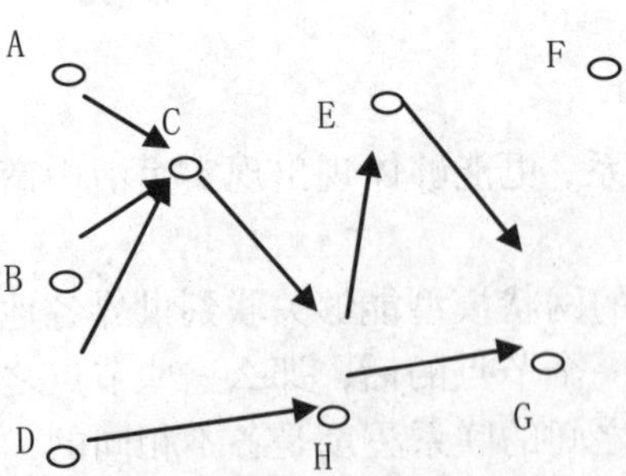

图 2-6　包含出点和入点的厂家

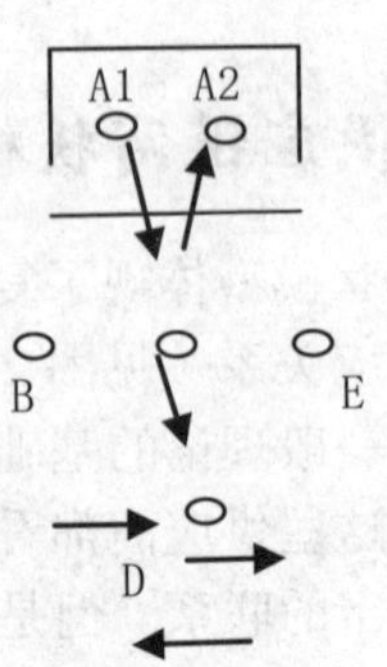

图 2-7　入点和出点

（二）虚拟企业

很多供应商为了能够通力合作，共同帮助，互相获得更多的利润，把各节点的供应商看成一个大的集体或者大的厂家，这样虚拟的描述就可以称为是虚拟企业（见图 2-8）。

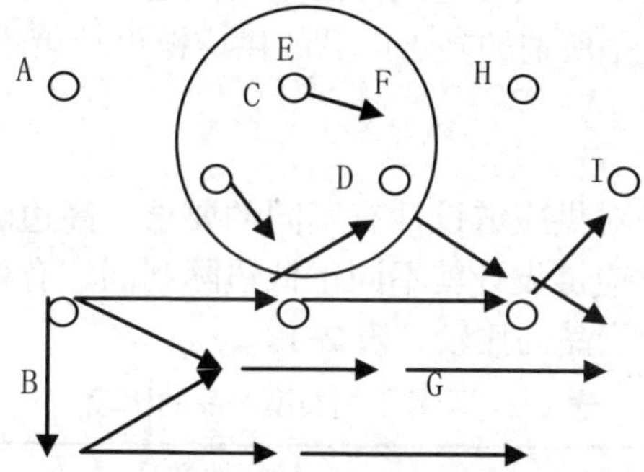

图 2-8　虚拟企业的网状模型

虚拟企业就是为了共同的目标和企业的长期丰厚的商业利润，共同达成了一个整体。这些虚拟企业的存在就是为了使得更多的供应商能够节约成本，产生更多的销售利润，方便各供应商之间的合作。如果这个共同的目标不存在的话，那么虚拟企业存在就没有任何的意义。

第四节　供应链构建的设计策略与优化

供应链的构建和管理的目标是降低成本、提高利润，其前提是供应链能够保证产品在流通中畅通无阻、供应链对客户的需求变化能做出迅速反映，这也体现了供应链设计策略的重要性。

供应链发展过程是一个持续优化的过程，供应链优化是企业发展的必然要求。为了获得竞争的优势，企业一方面要加强内部职能部门的协调和管理，实现企业内部的一体化；另一方面由于经营范围相对集中于核心业务，企业经营发展所需要的许多资源，本企业并不具备，这样企业又必须不断地加强与其他企业的沟通与合作，将其他企业所拥有的并能为本企业所用的资源整合起来，实现企业的价值目标。

一、供应链构建的设计策略

（一）基于产品的供应链设计策略

供应链的设计要以产品为中心。供应链的设计首先要明白用户对企业产品的需求是什么，产品寿命周期、需求预测、产品多样性、提前期和服务的市场标准等都是影响供应链设计的重要问题。必须设计出与产品特性一致的供应链，也就是所谓的基于产品的供应链设计策略。

1. 产品类型

不同的产品类型对供应链设计有不同的要求，高边际利润、不稳定需求的革新性产品的供应链设计就不同于低边际利润、有稳定需求的功能性产品。两种不同类型产品的比较见表 2-1。

表 2-1　两种不同类型产品的比较

比较项目	功能性产品	革新性产品
需求特征	可预测	不可预测
产品寿命周期（年）	＞2	3 个月～1 年
边际贡献（%）	5～20	20%～60%
产品多样性	低（10～20 种）	高（上百）
预测的平均边际错误率（%）	10	40～100
平均缺货率（%）	1～2	10～40
季末降价率（%）	几乎为 0	10～25
按订单生产的提前期	6 个月～1 年	1 天～2 周

由表 2-1 可以看出，功能性产品一般用于满足用户的基本需求，变化很少，具有稳定的、可预测的需求和较长的寿命周期，但它们的边际利润较低。为了避免低边际利润，许多企业在式样或技术上革新，以寻求消费者的购买，从而获得较高的边际利润。革新性产品的需求一般不可预测，寿命周期也较短。正因为这两种产品的不同，才需要有不同类型的供应链去满足不同的管理需要。

2. 基于产品的供应链设计策略

当知道产品和供应链的特性后，就可以设计出与产品需求一致的供应链。策略矩阵的四个元素代表四种可能的产品和供应链的组合，管理者可以根据它确定企业的供应链流程设计是否与产品类型一致。根据这一供应链设计策略，可以得出基本观点：效率型供应链流程适用于功能性产品，响应型供应链流程适用于创新性产品。

（二）以信息为中心的供应链设计策略

全球经济一体化打破了国界，因特网的发展使全球购物和网上商务得以盛行，供应链的设计策略需要重新考虑新形势带来的机遇和挑战。一方面，在供应链中，与物流相伴随的还有信息流，包括客户需求、生产能力、促销计划、交货计划、质量体系等，信息技术的发展极大地提高了信息流管理的效率和重要性，使得以信息为中心的供应链设计策略变为可能。另一方面，信息在供应链管理中起着至关重要的作用。例如，掌握客户需求变化信息是开发革新性产品的前提。在反应性供应链中，供应链的上下游节点间除了应具备正常的信息沟通以外，还应在某种程度上做到信息共享，只有这样才能对用户的需求变化做出敏捷的反应。信息化程度能有效地带动供应链管理的现代化程度。这些使以信息为中心的供应链设计成为必然。

在以信息为中心设计供应链时，应注重以下策略。

（1）以信息为中心的供应链设计需要相当大的投资，特别是 IT 系统和一些应用软件，开发周期长，而淘汰速度又非常快，因此需要供应链设计者具备敏锐的战略目光和高度的责任感。

（2）应注意通过高效的 IT 系统开发，以及信息分析能力的设计和最佳数据仓库解决方案的选择，生产出能为整个供应链带来绩效和竞争优势的信息，扩大信息共享的程度，减少供应链中不增值的环节，使供应链充分享受信息优势带来的利益，如通过有效的信息管理，促进产品流通的顺畅和客户需求变化的满足。

（3）应强调信息技术基础设施的建设和 IT 系统的开发。针对功能性或革新性产品，应分别开发不同的 IT 系统。对既生产功能性产品又生产革新性产品的企业（更何况，革新性产品和功能性产品在一定条件下会发生互变），有必要开发出集成的 IT 系统。

（4）应强调通过信息分析和数据仓库解决供应链中的信息供应问题。在供应链运转中，包含着丰富的业务内容，如信息模型、报告、数据内容、公司基准等，均与信息有关。因此，在设计供应链的过程当中，为了更加有效地提取数据，以支持信息分析活动的顺利进行，应当考虑为系统提供最佳数据仓库方案。此外，应当考虑为系统提供强大的信息分析能力，包括联机分析处理（on-line analytical processing，OLAP）、数据挖掘（data mining，DM）等。

（三）基于多代理的集成供应链设计策略

随着信息技术的发展，供应链不再是由人、组织简单组成的实体，而是以信息处理为核心，以计算机网络为工具的人－信息－组织集成的超智能体。基于多代理集成的供应链模式是涵盖两个世界三维集成模式，即实体世界的人－人、组织－组织集成和软件世界信息集成（横向集成），以及实体与软件世界的人－机集成（纵向集成）。基于多代理的集成供应链设计策略采用了动态建模的基本思想。动态建模需要多种理论方法的支持，其基本流程为多维系统分析→业务流程重构→建模→精简/集成→协调/控制，在建模中并行工程思想贯穿于整个过程。建模常用的方法主要有基于信息流的建模方法、基于过程优化的建模方法、基于案例分析的建模方法以及基于商业规则的建模方法等。

二、供应链构建的优化

供应链优化是一项系统的工作，涉及供应链优化的目标、策略、模式、方法等内容。常用的供应链优化方法主要有两种：基于约束理论的供应链优化方法和基于标杆分析的供应链优化方法。

（一）基于约束理论的供应链优化方法

1. 约束理论的概念

根据物理学的原理，我们可以知道，一条链子的强度等于这条链子最薄弱环节的强度。这意味着最弱的环节往往也是最强的，因为它蕴涵着使整个链条脱节的巨大能量，所以，应该全面考虑整个供应链的竞争优势。生产管理中的约束理论（theory of constraints，TOC）对供应链管理有很好的借鉴价值。

约束理论是由以色列物理学家高德拉特（E.M. Goldratt）博士提出的。美国生产与库存控制协会（APICS）又称其为约束管理（constraint management），该理论可以用于生产、分销、供应链和项目管理等领域，而且取得了很好的效果。

约束理论指出，任何一个多阶段的生产系统，如果任一阶段的产出取决于前一个或几个阶段的产出，那么产出能力最低的那个阶段决定整个系统的产出能力。在企业的经营过程中，任何一个阻碍企业有效扩大产出能力、降低库存和运行成本的环节，就是一个“约束”（通常也称作瓶颈）。任何系统至少存在着一个约束，否则它就会获得无限的产出能力。因此，要提高一个系统的产出能力，就必须打破系统的约束。

2. 约束理论在供应链优化中的应用

在共同的愿景和契约约束下，供应商、制造商、分销商、零售商和客户形成了供应链，物流、信息流和资金流的流动过程展现了整条供应链的核心能力。在这条复杂的供应链上，协调衔接的难度非常大，因此更容易断裂。在供应链的关键企业链上，成为约束的供应链成员不仅应该是供应链关注的焦点，而且该企业应该更加关注企业内部的约束。供应链的优化过程，将会成为供应链成员的优化过程。

约束理论引导供应链管理者寻找关键企业链上的最薄弱环节。假如发现物流企业是最薄弱的一环，那么，即使生产制造企业可以获得充足的订单，并且能够生产制造出充足的产品，但是，由于无法及时送到客户手中，也同样不能增强整条供应链的核心竞争能力。因此，只有解决供应链的物流约束问题，才能真正改进供应链的绩效，获得竞争优势。

运用约束理论优化供应链的做法如下。

（1）对供应链进行诊断分析，分析哪些主要原因可能导致这个“约束”，形成供应链的瓶颈。

（2）发现供应链运作过程中存在的问题，即供应链的“约束”。

（3）将这些主要原因进行归类分析，进一步剖析有哪些因素导致这类原因（结果）的出现，目的是将大问题细化，“大事化小”，为解决问题创造条件，因为大问题往往很难解决，但将大问题细化后往往就能够找到解决问题的途径和方法。

（4）经过试运行后，如果情况良好，就形成机制，变成规范，对人员进行培训，使他们都能够掌握和运用，并将其作为供应链运作的准则。

（5）抓住主要矛盾或矛盾的主要方面，针对小问题逐个突破，化解瓶颈。

（6）旧问题解决了，新的问题又会出现。当新问题出现后，依据上述步骤，循环解决出现的问题。

（二）基于标杆分析的供应链优化方法

1．标杆分析的概念

标杆分析（benchmarking）是指组织为了降低运营成本、缩短流通时间、增加产品稳定性、降低库存或提升客户满意度，确认与鉴别那些出类拔萃的、可以为组织所直接采用或经过必要的改造能为组织所采用的产品、服务、流程以及经营管理实践的系统化的思维方法。标杆分析是施乐公司的核心激励方法之一。施乐公司首席执行官 David T. Kearns 认为，标杆分析就是"持续不断地将自己的产品、服务以及管理实践活动进行对比分析的过程"。标杆分析实质上是指"一种为促进组织真正绩效的改进和提高而寻找、分析并研究优秀的产品、服务、设计、机械设备、流程以及管理实践的系统方法和过程"。它将那些出类拔萃的企业作为企业目标和测定基准，以它们为学习的对象，迎头赶上，并进而超过之。一般地说，标杆分析除要求测量相对于最好公司的企业的绩效外，还要求发现这些优秀公司是如何取得这些成就的，利用这些信息作为制定企业绩效目标、战略和行动计划的基准。值得指出的是，这里的优秀公司也并非局限于同行业中的佼佼者，也可以是在各种业务流程活动中已取得出色成绩的企业。通过实施标杆分析，企业可以取得显著的效益。根据施乐公司、IBM 公司、联邦速递公司以及福特汽车等公司的实践结论得知，与一个年度获得 10%～20%的改善结果相比，实施标杆分析之后效率在短短的 8 个月中将提高 20 倍；一般的标杆分析流程将使成本、流通与周转时间以及次品率下降 20%～60%。

2．基于标杆分析的供应链优化方法的运用

基于标杆分析的供应链优化方法是一种向标杆企业学习，进而对本企业的供应链流程、功能进行持续改善的方法。一般情况下，基于标杆分析的供应链优化方法可以按照如下步骤进行运用。

（1）确定标杆分析的主题。这个主题是企业最关心的问题或最关键的竞争力决定因素，如企业的供应链体系和流程管理模式、成本、可靠性、提前期、响应能力等。一般来说，标杆分析的主题是在对自身状况进行比较深入、细致研究的基础上确定的，所选择的主题一定是供应链优化的关键，进行标杆分析需要能够带动或促进竞争力和工作效率的提高。

（2）确定标杆分析的对象和内容。这个对象应当是供应链流程中影响绩效的关键环节，而标杆分析的内容应当是在标杆分析主题范围内决定标

杆分析对象主要绩效的管理实践或关键要素，通常还要确定选择哪一家企业作为标杆，确定企业的绩效表现水平，需要什么样的数据和信息来源等。

（3）组成工作小组，确定工作计划。工作小组成员由供应链管理部门各相关层次的管理人员和操作者组成，也可能包括其他相关业务部门的人员，如财务部门人员、营销部门人员等。

（4）资料收集和调查。首先收集相关主体、对象、内容方面已有的研究报告、调查报告或相关资料，在研究这些已有资料的基础上，拟定实地调查提纲和调查问卷。

（5）分析比较，找出差距，确定最佳做法。在对调查所取得的资料进行分类、整理并进行必要的、进一步补充调查的基础上，进行调查对象之间的比较研究，确定各个调查对象之间存在的差异，明确差距形成的原因和过程，并确定最佳做法。

（6）明确改进方向，制订实施方案。在明确最佳做法的基础上，找出弥补企业现实状况和最佳实践之间差距的具体途径或改进机会，设计具体的实施方案，并进行实施方案的经济效益分析。实施方案要明确实施重点和难点，预测可能出现的困难和偏差，确定对实施情况的检查和考核标准。

（7）沟通与完善方案。利用多种途径，将拟订的方案、所要达到的目标前景同全体成员反复交流与沟通，征询意见，争取全体成员的理解和支持，并根据成员建议修正和完善方案，以统一成员目标。

（8）实施与监督。将方案付诸实施，并将实施情况不断地与最佳做法进行比较，监督偏差的出现，并采取有效的校正措施，以努力达到计划的目标水平，努力赶超标杆对象。

（9）总结经验。在完成每次标杆分析活动之后，必须对实施效果进行合理的评判，及时总结经验，对新情况、新发现进行进一步的分析。

（10）再标杆分析。针对环境的新变化或新的管理需求，持续进行标杆分析活动，确保对最佳实践的跟踪。

企业实施基于标杆分析的供应链优化方法的过程，也是一个不断进行创新的过程。每个企业所处的环境、拥有的内部资源都是不相同的，不可能完全靠机械地模仿竞争对手或者行业领先者取得成功。企业实施基于标杆分析的供应链优化的过程也是对自身优势和劣势进行重新认识的过程，在认识自身的基础上调整、改进并形成有特色的企业经营理念和供应链管理方法。

【案例分析】

巴斯夫：行业供应链管理领先者

巴斯夫股份公司（BASF SE，以下简称巴斯夫）是位于德国的世界上最大的化工厂之一。公司总部位于莱茵河畔的路德维希港，是世界上工厂面积最大的化学产品基地。公司的产品涵盖化学品、塑料、特性产品、作物保护产品以及原油和天然气等。

在过去 20 多年里，巴斯夫以渐进的方式发展其供应链。巴斯夫由约 80 个不同的业务部门组成，已形成了先进的运营模式，明确定义业务部门的角色与责任，做到以“同一公司”的方式为全球几乎所有行业提供服务。由于巴斯夫的客户对化工原材料的需求各不相同，因此，巴斯夫将供应链的战略定位为：通过供应链细分和“差异化供应链服务”，以有竞争力的成本满足不同客户的定制化需求。巴斯夫供应链体系结构见图 2-9。

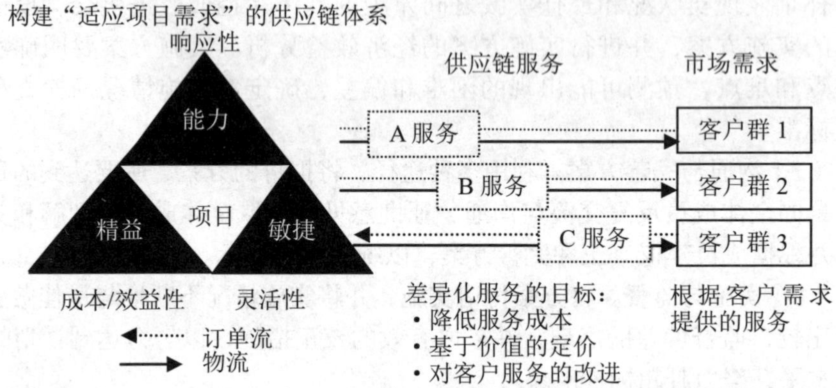

图 2-9　巴斯夫供应链体系

市场上不同客户有不同的项目需求，因此，巴斯夫的供应链构建的基本原则就是要适应不同的项目需求，根据客户的个性化要求提供差异化服务。巴斯夫的供应链运作围绕三个核心展开：提高对客户订单的响应性、适应客户多变的灵活性、获得良好的成本 / 效益性。为此，在运作管理上，巴斯夫着力在提高自身能力、提高对市场变化的敏捷性、抓好供应链的精益管理上下功夫。

一、巴斯夫供应链治理结构

巴斯夫供应链管理的重点是建立了一个全局性治理结构。所谓供应链治理结构，是指为了实现资源配置的有效性，企业管理者对供应链的构成单位、业务关系及供应链协调管理的一整套制度的安排。作为有效治理的一部分，巴斯夫成立了一个领导委员会，其成员包括所有利益相关者，该委员会定期召开会议，审查实际绩效，决定重要项目，并确定巴斯夫供应链的战略方向。

二、巴斯夫供应链管理模式的几个特点

根据巴斯夫供应链体系及其治理结构模式，可以总结出以下几方面的供应链运作管理特点。

（1）供应链战略规划。巴斯夫的供应链体系紧紧围三个核心要素，即精益、能力、敏捷展开，着力塑造巴斯夫供应链的竞争力：提高对客户订单的响应性、适应客户多变的灵活性、获得良好的成本／效益性。

（2）供应链体系内的共享服务。巴斯夫设立了一个服务交付部门，专注于物流整合管理，把包括运输管理、客户服务、进口／出口管理以及海关与外贸在内的物流进行统一运作，为不同的单元供应链提供共享的资源。巴斯夫通过多个供应链共享服务计划，提高了流程效率，从而改善了客户体验、成本和敏捷性。更确切地说，巴斯夫进一步整合了客户服务活动、统一流程和增强客户服务人员的能力。相关的服务文化转型计划让员工参与进来，使绩效和客户满意度明显提高。

（3）供应链领导力。领导供应链需要出色的能力。除了在运输、仓储、库存管理和生产规划方面具有明显的职能专长外，巴斯夫认为现代供应链领导者还需要具备强大的商业敏锐度、面向全球的眼光、专业技术以及有影响力的领导技能，能够承担起管理供应链的责任。

（4）合作共赢。无论是上游的供应商还是下游的客户，巴斯夫始终将其视为自己的合作伙伴，利用自己的优势，延伸供应链管理范围，帮助供应链上的合作伙伴成长。巴斯夫在全球的原材料供应商有 6 000 多家，除了经济层面的合作外，巴斯夫还致力于将供应链的价值“升华”。其中，“1＋3 模式”便是巴斯夫创造的一种带动中小企业共同成长，以履行社会责任，实现共赢的新商业模式。所谓“1＋3 模式”，就是以巴斯夫为核心，吸纳客户、供应商和物流服务提供商组成一个团队。通过供应链传递巴斯夫优秀的社会责任理念，并以最佳范例、专业知识以及量身定制的解决方案指导合作伙伴。之后，这 3 个受益的公司再分别将此模式复制到它们各自的另外 3 家商业合作伙伴身上。通过各种与供应商实现共赢的方式，巴斯夫一方面巩固了彼此的信任度，加强了长期战略合作伙伴关系，另一方面大大提升了合作伙伴的专业水平和社会责任感，产生了企业与社会共赢的更高价值。

第三章　供应链合作伙伴管理

20 世纪 90 年代以来，企业面临的市场竞争环境发生了巨大的变化，很多企业都开始使用准时制的思想对企业的生产和经营进行管理，运用准时制管理方法要求企业提高对市场需求的反应速度，同时要与合作伙伴之间建立良好的互动关系。在越来越激烈的全球市场竞争中，先进的制造技术的发展要求企业要将自身业务和合作伙伴的业务结合起来，缩短与合作伙伴之间的距离、提高工作效率。

第一节　供应链战略合作伙伴关系及其价值

供应链战略管理中的重要环节，同时也是集成化供应链管理的核心就是建立战略性合作伙伴关系。对供应链进行管理主要就在于重视各节点之间的合作和交流，并注重各节点企业之间在设计、生产、经营等方面的协调合作。

一、供应链合作关系的定义

供应链合作关系是存在于供应商、制造商和经销商之间的关系，通俗来说，就是供应商与购买方之间的关系。对供应链合作关系进行定义，可以将其看做供应商与制造商之间、制造商与销售商之间形成的信息共享、风险共担、利益共赢的协作关系。

供应链合作关系是一种形成于集成化供应链管理环境的关系，其存在是为特定的利益主体服务的。供应链合作关系形成的原因是为了降低供应链总成本、减少供应链节点上的企业的库存量、加强信息和资源共享、改善供应商和销售商之间的沟通交流，最终实现提高供应链节点上各企业竞争实力。显然，在供应链合作关系形成的过程中，各企业之间的信任尤为重要。

实施供应链合作关系就意味着供应链上的各企业要共同完成产品、技术的开发和生产，并需要互相交流信息，共同分担生产和经营风险。供应商提供的生产要素的数量和价格会直接影响到制造商产品生产过程的组织、成本的控制以及产品的质量。在供应链合作关系中，制造商在选择供应商时，不仅要考虑价格和成本，而且要注意对供应商的服务质量、技术革新以及产品设计等方面进行了解，选择在这些方面存在竞争力的企业进行合作。总结来说，制造商与供应商之间建立供应链合作关系需要对以下几方面予以重视。

（1）首先，要让供应商对制造商产品的生产过程和生产能力进行一定的了解，让供应商根据制造商的生产计划提供生产要素和原材料。

（2）其次，制造商要主动给供应商提供企业的经营计划和经营策略等信息，使供应商明确制造企业的目标，以使自己能随时满足制造企业的需求。

（3）最后，制造企业和供应商要明确双方应承担的责任，并互相负责，使双方都能明确共同的利益所在，为达到双赢的目的而努力。

供应链合作关系的发展由以产品和物流为中心逐步转变为以集成和合作为中心，在这样的理论指导下，供应商和制造商将各自的需求和技术集成到一起，为实现共同的利益目的而努力。因此，供应商和制造商之间不只是在物质上进行了交换，还在服务上进行了交易。

二、供应链战略合作伙伴关系的产生

从传统的企业关系转变为供应链合作关系模式，企业经历了不同的转变和发展过程。在传统的观念中，供应管理和物流管理是同一个概念，企业之间的关系也只有简单的买卖关系，在这样的理念下，企业管理的核心是生产，而供销只被放在次要位置。企业之间很少开展合作活动，战略联盟协作就更不可能了。

从传统的企业关系转变为创新的合作企业关系，这其中包括两个阶段的企业关系发展。第一个阶段是 20 世纪 70－80 年代，当时盛行的企业关系是以生产物流相结合为特征的供销关系；第二个阶段是 20 世纪 90 年代，当时的企业关系主要是以战略合作为导向。

在企业之间关系的不断转变过程中，准时制管理模式等思想理念起到了非常积极的推动作用。为了在生产和供销上达到平衡，企业必须加强自身内部各部门以及与供应链上其他企业之间的合作和沟通。但是，基于简单物流关系的企业合作关系是一种处于技术层面的合作，并不具备信息共享、服务支持、群体决策等特征，因此不论从企业间的关系还是从企业对市场的反应速度来看，这种关系都无法适应越来越激烈的市场竞争，正是在这样的环境下，供应链合作关系产生了。

在供应链战略合作关系中，企业内外资源集成优化的思想得到了淋漓尽致地表现。在这种合作关系下，无论是产品的生产，还是产品在市场上的投放，其周期都大大缩短了。此外，在这种关系下，企业更加重视顾客的个性化需求，产品生产和销售的顾客导向性得到了极大地提升。大量简单化、模块化的产品开始在市场上出现，企业对市场不断变化的需求的反应速度也越来越快。企业集成开始进入一个全新的发展阶段，注重企业间的协作，形成一种高层次的企业集成模式。在这种企业关系中，市场竞争策略最显著的变化就是价值让渡系统管理和供应链管理的出现。

在供应链管理模式下，所有环节（从原料的供应到最终用户的购买）都可看作一个整体，链上的企业除应考虑自身的利益外，还应该一同去追求整体的竞争力和盈利能力。因为最终客户选择一件产品，则整条供应链上所有成员得益；如果最终客户不要这件产品，则整条供应链上的成员都会被淘汰。所以说，产品的竞争其实是供应链与供应链之间的竞争。链上的所有成员需要高度合作，减少环节间的浪费，提升供应链长期竞争力。

供应链管理着眼于整体，是一套关于系统和关系的管理概念，目标是满足最终顾客的需求。要把传统企业之间的敌对关系转变为合作伙伴关系，让供应链上的所有成员有机地配合，分工合作，实现整条供应链的最大竞争力。

因此，供应链管理的一个要点是企业之间的互相合作和信任。供需双方在产品质量、组合、每次的生产时间和数量、发货的密度、订单的提前期等各个方面都要达成共识。供应链上的所有节点企业通过共享信息，集体决策，以及在工作流程上高度集成，可达到生产和流通的均衡化和同步化，以及时间和成本上的最优化。具体而言，供应链上的各成员需要互相了解彼此的生产程序和能力、经营计划和措施，互相予以配合，各成员应根据其优势在各环节积极参与，投入作为其核心竞争力的知识和力量。供应链管理可以让各企业的核心竞争力有机地结合起来，减少环节之间的摩擦，令整个供应链产生强大的竞争力。

三、供应链合作伙伴关系与传统供应商关系的区别

在新的竞争环境下，供应链合作关系强调长期的战略协作，强调共同努力实现共有的计划和解决共同问题，强调的是相互之间的信任与合作。这与传统的关系模式有着很大的区别（见表 3-1）。

表 3-1　供应链合作关系与传统供应商关系比较

	传统供应商关系	供应链合作关系
相互交换的主体	物料	物料、服务
供应商选择标准	单一强调价格	多标准并行考虑（交货的质量和交货期等）
稳定性	变化频繁	长期、稳定、紧密合作
合同性质	单一	长期合同具开放性
供应批量	小	大
供应商数量	多	少（少而精，长期紧密合作）
供应商规模	小	大
信息交流	信息专有	信息共享（电子化连接、共享各种信息）
质量控制	输入检查控制	质量保证（供应商对产品质量负全部责任）
选择范围	当地投标评估	在国内外广泛评估可增值的供应商

四、供应链合作伙伴关系的价值

（一）有利于形成基于战略合作伙伴关系的企业集成模式

建立供应链战略合作伙伴关系的价值之一体现在企业集成模式的形成上面。在与合作伙伴形成战略合作关系之后，企业可以在宏观、中观、微观三方面都实现相互集成。从宏观层面上来说，合作关系的形成能促进企业与其他企业之间的合作和资源优化配置；从中观层面上来看，合作关系的形成能在很大程度上促进企业之间信息技术和信息的共享；而从微观层面上来看，合作关系的形成使得企业间同步化、集成化的生产模式的形成成为可能，并且能在很大程度上推动物流保障和服务协作等职能的实现。

（二）有利于建立战略伙伴关系企业的质量保证体系

在战略合作关系中，企业的质量概念应当由顾客来理解和评价，质量工作是为顾客服务的，也应当由顾客来评断。制造商在产品设计、生产、加工、配送的整个过程中都应当考虑到顾客的心理和需求，不仅要注重产品质量的保证，而且应当注重在宣传、服务、原材料服务、销售以及售后服务等方面提高服务水平。

通常情况下，我们将这种基于供应链全流程，以并行工程为基础的质量思想称为“过程质量”，通过对供应链上各节点的企业实施质量管理，实现输入和输出的“零缺陷”，实现“零库存、零缺陷”的目标。“零库存、零缺陷”目标是企业不断进步和发展的方向和动力。

当前，企业普遍认为质量功能开发是实现供应链上各企业质量保证的有效方式。质量功能开发是一种面对全面质量管理的模式，能够准确、及时地反映客户的需求及变化，通过在产品的制造过程中按照客户需求进行质量管理和资源配置，来实现符合客户需求的目的。在这个过程中，质量控制的标准由用户决定，因此能很大程度上减少不必要的制造程序，降低成本消耗，提高生产效率。

质量功能开发在企业产品的生产制造过程中产生一种牵引作用，这种牵引作用从用户要求、工程要求、零件特性要求、工艺制造要求等方面对产品的生产过程进行了控制。人们在这种认识的基础上提出了企业生产模式可以从精细生产向精细供应链转变的思想。

（三）有利于战略合作伙伴关系中的技术扩散与服务协作

处在战略合作关系下的供应链的竞争优势表现在企业知识的优化重组。在战略合作关系下，企业的竞争实力的增强并不仅仅是各种有形资产的简单相加，而是在这种关系中，企业已经成为价值链的一部分，达到“1＋1>2”的效果。通过共享信息，企业可以将经营精力主要放在创新活动的开展和创新能力的增强上,运用集体的智慧提高创新能力和对于市场变化的反应速度。

进入 21 世纪以来,供应链管理需要面对世界政治、经济的全面发展，信息技术在企业发展中起到越来越重要的作用。供应链管理中的信息扩散与传统意义上的信息流动存在本质上的区别，并不是说只要拥有了先进的技术和合适的软件系统，企业就能得到发展，就能获得竞争力的增强，企业还需要对知识链、技术链进行合理分配和利用，确定先进的技术能在每一个生产环节中都发挥作用，注重那些能显著提高企业创新能力的技术和知识的运用。为实现上述目标，企业必须加强对知识主管和信息主管的管理，慎重选择任职人选。信息主管和知识主管在企业中的作用见图 3-1。

关于技术扩散的研究，国内外很多学者已经从经济学、企业行为学、信息传播学等学科以及市场渗透、空间转移等原理上进行探索，但是这些研究大多基于传统的市场模式，在目前的市场模式中已经不再适用。互联网的普及以及信息技术的飞速发展推动了知识与技术扩散方式的转变，在当前知识经济时代中，怎样进行网络化知识和信息技术的传播和扩散、更好地运用网络技术仍然是一个需要解决的问题。

供应链管理作为面向信息化时代的新的管理模式，不仅要面对企业间合作关系的问题，还要面对企业之间技术与知识相互扩散的传播的问题。基于传统的市场模式下的企业技术合作模式已经不再适用。

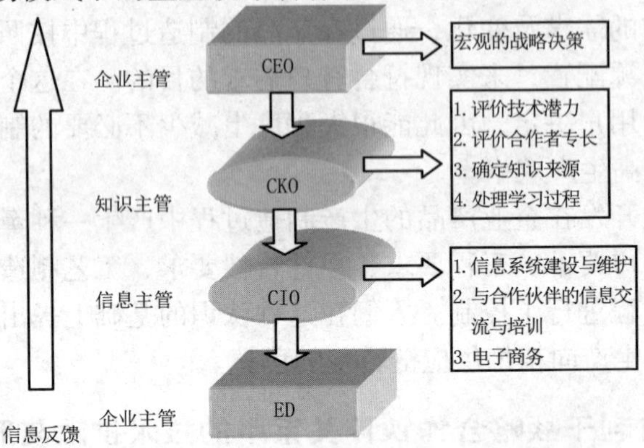

图 3-1　信息主管与信息主管在企业中的作用模型

（四）有利于提高供应链对客户订单的整体响应速度

通过供应链合作关系对于缩短供应链总周期起到的作用，我们不难看出供应链合作关系对于供应链管理模式中各企业的重要性。图 3-2 体现了供应链总周期时间的组成结构。速度是企业在市场竞争中立于不败之地的重中之重，在供应链体系中，制造商通过要求供应商提高生产速度来实现总周期时间的缩短，从而实现降低成本、扩大利润的目标。

要想促进总周期的缩短，可以通过缩短采购时间、缩短流出或流入物流运输时间、缩短设计制造时间等手段来实现（见图 3-2）。很显然，加强供应链合作关系能在很大程度上促进上述时间的缩短。

图 3-2　供应链总周期时间

总之，通过建立供应商与制造商之间的战略合作伙伴关系，可以达到以下目标。

1．对于制造商（买主）

（1）降低成本（降低合同成本）；
（2）实现数量折扣、形成稳定并存在竞争力的价格；
（3）提升产品质量、降低库存数量；
（4）完善时间管理机制；
（5）缩短交货提前期、增强企业交货可靠性；
（6）健全面向工艺的企业规划管理；
（7）创新产品设计、提高对市场变化的反应速度；
（8）扩大获取数据信息的途径、强化数据信息的管理控制。

2．对于供应商（卖主）

（1）保障稳定的市场需求；
（2）更好地理解客户和市场需求；
（3）提升经营质量；
（4）保证零部件的生产质量；
（5）降低生产成本；
（6）提高对购买方改变交货期的反应速度、增强柔性；
（7）实现更高的经济利润。

3．对于双方

（1）加强企业之间的交流和沟通；
（2）实现共同的经营目标；
（3）共同承担风险、享受利益；
（4）共同参与产品的设计和开发、实现企业之间的工艺、技术和知识的集成；
（5）减少外在因素的影响及其造成的风险；
（6）消除投机思想；
（7）提高双方解决和缓解矛盾、冲突的解决能力；
（8）在订单、生产、运输上实现规模经济、降低成本。

虽然供应链合作关系的形成能实现以上目标，但是还是有很多因素会对供应链战略合作关系的参与者产生影响。其中最重要的一点是，在合作关系中，如果一方过分依赖另一方，那么当被依赖的一方无法满足一方的需求时，这一方就会受到巨大的损失。同时，企业可能由于在合作关系中表现得过于自信，从而失去对合作关系的控制，导致企业竞争力的下降。

此外，企业可能会对于供应链战略合作关系产生的利益过于乐观，从而忽略了合作关系中可能存在的风险。因此，企业必须慎重判断，在传统合作关系和战略合作关系中选择更适合自己的。

战略合作关系的形成是对企业内外资源有效集成和优化利用的集中体现，在这种企业环境中，产品的生产过程，从设计开发到投放市场都会提高效率、缩短工期。同时，大量的顾客导向化的产品会出现在市场上，企业的柔性和敏捷性也会随之增强。虚拟制造和动态联盟的出现促进了业务外包途径的利用，企业集成也由以前的企业内部之间的低层次的业务重组转变为企业之间的高层次的协作。

第二节　供应链合作伙伴选择的评价指标分析

供应链合作关系形成并发展的基础是合作伙伴的评价与选择。合作伙伴的经营成果对于制造企业产生的影响呈现越来越大的趋势，在交货、产品质量、交货期提前、库存数量等方面都对制造商经营成绩产生着重要的影响作用。

在当今日新月异的世界环境和不断变化的经济背景下，传统的供应关系已经不再适用，为了适应激烈的市场竞争，实现低成本、高质量、强柔性的生产目标，企业就必须从供应商入手，对供应商的选择协调与供应商之间的关系进行管理。

一、选择供应链合作伙伴的必要性和原则

（一）选择供应链合作伙伴的必要性

供应链合作伙伴的选择是企业间进行合作的第一步，也是关键的一步。选择良好的合作伙伴，是建立供应链合作伙伴关系的重要条件。合作伙伴的评价选择是供应链合作关系运行的基础。所选企业是否能和整个供应链的步调保持一致，能否促进整个供应链的竞争力的增强，是供应链上每个企业所关注的问题。

供应链节点企业之间建立长期伙伴关系是出于对自身长期利益的考虑。以制造商和其供应商为例，制造商和供应商出于各自利益和长期发展的需要，建立起长期的相互合作的关系，供应商的数目与传统相比有大幅

度下降。在这些长期合作中存在着两种不同的形式：一种形式是松散联盟，即供应商与制造商的长期关系是以一次次相对独立的交易反复进行的形式维系的；另一种是长期合作伙伴关系，这种关系比松散型联盟形式要紧密一些，通常是通过签约方式把合作关系固定下来，这种签约方式当然是为了获得长期稳定的合作关系，以利于提高供应商的生产经营积极性并有利于提高产品质量。

（二）选择供应链合作伙伴的原则

一般的企业之间的关系是买卖关系，注重的主要是价格、质量和交货期。而企业要建立长期的伙伴关系，不但要考虑以上三个基本要素，还要考虑合作伙伴是否拥有核心竞争力，是否拥有相同的价值观和战略思想等。实际中选择合作伙伴的原则可以归纳为以下几条。

1. 工艺与技术的连贯性

供应链合作伙伴关系的展开必须在技术上保持一致标准，包括产品设计上的连贯性、制造工艺中的连贯性。存在差异时，双方应该在平等互利的基础上进行协商，改进技术工艺的适应性，供应商也要考虑他们是否能适应新原则和操作。

2. 企业的业绩和经营状况

一个企业在过去年度里的经营状况往往成为选择长期合作伙伴的重要原因。在与某企业的交易过程中，该企业产品的价格、质量、交货状况决定其在供应商市场的信誉和声望。过去业绩好的企业一般较为容易地被考虑，也很容易进入合作角色，但过去业绩差的企业也可能拥有很强的潜力，这也是值得考虑的。

企业经营状况在供应链条件下的合作伙伴关系选择中更显重要。供应链企业的长期合作要求在战略经营上保持和谐。供应商内部组织与管理是关系到日后供应商服务质量的因素。

供应商内部组织机构是否合理影响采购的效率及质量。如果供应商组织机构设置混乱，采购的效率与质量就会下降，甚至由于供应商部门之间的互相扯皮而影响供应活动能否及时、高效地完成。另外供应商的高层主管是否将采购单位视为主要客户也很重要，如果采购单位不被视为主要客户，那么在面临一些突发状况时，便无法获得优先处理的机会。

供应商的财务状况直接影响到其交货和履约的绩效。如果供应商的财务出现问题，周转不灵，导致破产，将会造成自身供料不足，甚至出现停工的严重危机。财务状况稳定的供应商在未来风险的保障上能给企业更多的信息和信任感。此外，企业经营的各个方面都是影响供应商选择的重要因素。

3．有效的交流和信息共享

选择高效的供应商依靠所有参与者积极的参与，这就要求双方有效的交流和信息共享。已有业务往来的供应商在信息交流方面比没有业务来往的企业有更多的优势。在选择供应商的过程中，只有更好地与选择方加强交流，才能提供更多的战略信息，使得评价过程和结果更具可信性和参考价值。

4．合作伙伴不要求过多，而在于少而精

必须注意的是合作伙伴不要求过多，而在于少而精。若选择合作伙伴的目的性和针对性不强，过于泛滥的合作可能导致过多的资源、机会与成本的浪费。

二、集成化供应链管理环境下合作伙伴的类型

在集成化供应链管理环境中，供应商想要更好地运作合作关系，很关键的一个环节就是减少供应商的数量，使企业与每个供应商之间的关系更加紧密。此外，制造商可以在全球范围内寻找适合的合作伙伴。这样一来，企业就可以将合作伙伴分为两大类，一类是重要的合作伙伴，另一类是次要的合作伙伴。对于重要的合作伙伴，企业应当与其建立密切的关系。

根据合作伙伴的竞争实力的差异以及在供应链增值中起到的不同作用，我们可以将合作伙伴分为四种类型（见图 3-3）。

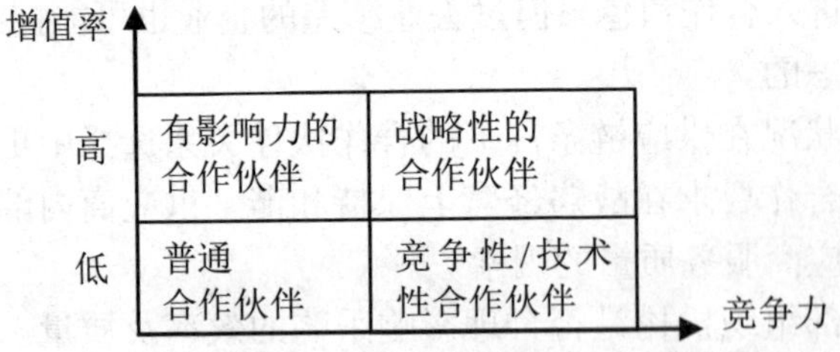

图 3-3　合作伙伴分类矩阵

在上图中，纵轴表示的是合作伙伴在供应链增值中起到的作用。作为一个合作伙伴，如果他对于供应链增值不能起到任何帮助，那么他对于供应链中的其他企业来说就是一个没有吸引力的企业。横轴表示的是合作伙伴的竞争力水平。一个企业的竞争力水平主要表现在设计能力、特殊工艺

能力、项目管理能力等方面。

在实际操作中，企业应当根据不同的经营目标和不同的业务项目选择不同的合作伙伴。比如说，如果企业需要长期合作，那么就应当选择能保持较高竞争力和增值率的合作伙伴，因此最好选择战略性合作伙伴；如果企业要开展短期合作，那么只需要选择普通的合作伙伴。而对于中期需求来说，可以根据合作伙伴的竞争力水平以及在供应链增值率提升中发挥的不同作用选择不同类型的合作伙伴。

三、供应链合作伙伴的选择评价指标体系分析

目前我国企业选择合作伙伴时存在主观成分较多的问题，有时往往根据企业的印象来确定合作伙伴的选择，选择时还往往存在一些个人的主观判断，选择的标准不全面，一般集中在企业的产品质量、价格、柔性、交货准时性、提前期和批量等方面，没有形成一个全面的指标体系，不能对企业做出全面、具体、客观的评价。

（一）指标体系的设置原则

1．系统全面性原则

指标体系必须全面反映供应链企业当前的综合水平并包括企业发展前景的各方面指标。

2．简明科学性原则

指标体系的大小也必须适宜，即应有一定的科学性。如果指标体系过大、指标层次过多、指标过细，势必将评价者的注意力吸引到过细的问题上；反之又不能充分反映企业的水平。

3．稳定可比性原则

指标体系的设置还应考虑到易与国内其他指标体系相比较。

4．灵活可操作性原则

指标体系应具有足够的灵活性，以使企业能根据自己的特点以及实际情况对指标灵活运用。

供应链中的核心企业可为制造商，也可为供应商、批发商以及零售商。核心企业在供应链中所处的位置不同，它选择合作伙伴的指标也就不一样。此处主要介绍以制造商为核心企业，它分别选择上游和下游合作伙伴的指

标体系。上游合作伙伴的选择指标与下游合作伙伴的选择指标有相同点也有不同点，因而将其分为共性指标和个性指标来说明指标体系的构建。

（二）共性指标分析

不管是制造企业的上游企业还是下游企业，他们都是供应链中的一个环节，因此都需要对企业的财务和成本状况、服务水平、管理与文化、企业环境进行分析与评价。

1. 企业环境

①经济与技术环境②社会文化环境③政治法律环境④自然地理环境。

2. 服务水平

①服务态度②服务质量③服务范围④服务技术水平。

3. 管理与文化

①企业信誉②企业忠诚度③企业文化兼容性④企业信息化水平⑤管理水平兼容性⑥管理体制兼容性⑦企业发展前景。

4. 财务状况

①资产负债结构②损益情况③财务变动情况。

5. 价格与成本

①产品价格②交易成本③机会成本。

（三）个性指标分析

对于制造企业的上游合作伙伴即原材料、零部件供应商，注重的不仅是其产品质量、产品价格和企业生产能力，还有其敏捷性和柔性，企业的技术水平。制造企业的下游合作伙伴大多为分销商，因此关注的是其是否有畅通的、多样化的分销渠道，是否具有良好的促销策略和足够的促销人力和物力投入，即促销能力如何。另外还要求企业具有良好的客户需求预测能力，快速的客户信息反馈速度和低库存控制能力。

1. 供应链中制造商/销售商选择上游伙伴的评价指标

这是一种最为典型的供应链合作伙伴选择。主要包括以下评价指标。

（1）敏捷性和柔性，创新成本，创新时间，产品健壮性，即改型产品、创新产品质量的优劣适应范围：指对包括可预见和不可预见的变化的适应能力。

（2）技术水平、技术领先度、技术保密度和技术综合度。

（3）生产能力和业务生产状况、设备状况、成本控制、运输质量和交货质量。

（4）质量系统、质量体系、产品开发质量、制造质量、保证质量和管理水平。

2. 供应链中制造商选择下游分销商的评价指标

（1）营销能力：分销渠道的畅通、分销渠道的多样性、促销能力。

（2）预测与控制能力：客户需求预测、客户需求反馈、库存控制水平。

第三节　供应链合作伙伴选择的程序和方法

一、供应链合作伙伴选择的程序

遵循供应商选择的标准和评价的因素，供应链管理部门可以根据流程对伙伴供应商进行评选，选择所需能力的供应商。

（一）分析市场竞争环境

建立企业与供应商之间长期的合作伙伴关系，首先需要对市场的需求以及竞争状态进行认识和分析。了解市场的需求，从而确定选择供应商的范围，在供应商范围之内，再根据客户的需求确认是否与供应商之间建立合作关系。此外，分析市场竞争环境还能帮助企业根据市场需求的变化确定与现有合作伙伴之间合作关系的必要性并进行适当调整。

（二）建立供应商选择目标

建立供应商选择目标主要包括明确操作流程、信息流程，确定各环节负责人等内容。供应商选择目标必须是实质性的、实际的。供应商选择目标中一项重要的内容就是降低成本。企业建立供应商选择目标，不仅是为评价、选择供应商做基础，而且也是企业内部与企业之间一次业务重组的过程，可以为企业带来一定的收益。

（三）建立供应商评价标准

供应商综合评价标准是指企业对供应商进行评价的准则和依据，同时也在很大程度上反映出企业自身和环境所构成的复杂系统，不同属性的指标按隶属关系、层次结构组成的有序集合。建立供应商评价标准应当遵循全面性、简要性、科学性、稳定性、灵活性、可行性等原则。不同行业、不同企业在不同环境下应当形成有差异的评价标准。众多供应商评价标准的共同点是都包括供应商的生产水平、业绩、设备管理状况、人力资源储备、质量及成本控制、风险管理等内容。

（四）成立评价小组

企业要成立一个评价小组，对供应商评价的过程进行控制和操作，评价小组的成员主要由企业从采购到销售各部门的专业人员组成。小组成员必须具备相当的团队合作精神和一定的专业知识与专业能力。评价小组在经过企业最高领导层和供应商最高领导层的同意和批准后就可以开展工作了。

（五）供应商参与

当供应商决定进行供应商评价之后，评价小组就需要与最初选定的供应商范围中的供应商一一联系，确定他们是否愿意与企业建立合作伙伴关系，是否有意愿在合作的基础上获得更高的业绩。为了加强与供应商之间的互动，企业应尽早安排供应商参与到评价流程的设计中来，但是由于资源的限制，企业通常只能安排少量的供应商参与到供应商评价程序的设计中。

（六）评价供应商

评价供应商的主要环节之一就是调查和收集供应商生产、运营方面的资料，并在收集信息的基础上，利用一定的技术手段对这些数据进行分析，最终进行供应商选择决策。如果没有合适的供应商可供企业选择，那么企业就需要重新调整选择供应商的目标。

（七）实施供应商合作关系

在市场需求不断变化的今天，企业在与供应商合作的过程中，也可以根据实际的需求及时对供应商评价标准进行修改或完善，或者根据市场的需求，重新选择供应商，在重新选择供应商的过程中，企业应当给供应商提供一定的时间和空间适应这种改变。

二、供应链合作伙伴选择常用的方法

选择合作伙伴的过程，对于企业来说就是选择企业输入物资的品质、期限、数量、价格的过程。选择合作伙伴的方法众多，一般会根据供应商的数量、企业对供应商的了解程度以及对物资需求的紧迫性来确定。目前，国内外常用的选择供应链合作伙伴的方法主要有以下几种。

（一）直观判断法

直观判断法就是指根据对供应商调查所得的资料以及调查者对供应商的分析判断，对合作伙伴进行分析、选择的方式。直观判断法主要通过倾听和采纳调查者以及有经验的采购人员的意见，或者直接依靠采购人员的经验来选择企业的合作伙伴。直观判断法主要适用于非主要原材料供应商的选择。

（二）招标法

当订购数量较大，且供应商较多时，可以采用招标的方式来选择合适的合作伙伴。招标法的具体操作过程是：先由企业提出招标条件，符合招标条件的供应商就可以申请竞标；然后由企业在所有竞标的企业中选择条件最利于自己的一方签订合同，与之达成合作关系。招标方法最突出的优点是竞争性强，企业能将选择范围扩大，在更广泛的规模中寻找最合适的合作伙伴。但是招标法也存在其局限性，由于招标整个流程复杂，因此不仅要投入较长的时间，而且还要投入相当的人力、物力，如果企业对供应商的状况了解地不深入，还很有可能造成货不对路的情况，影响企业的正常生产和运营。

（三）协商选择法

如果出现供应商较多、企业很难在其中做出选择的情况，企业也可以通过协商的方式来确定合作伙伴，就是先选择几个条件比较有利的供应商，通过与他们进行分别协商的方式来确定最终的合作伙伴。

与招标法相比，由于在协商选择法下，供求双方能在合作之前进行沟通，因此，在物品质量、交货日期以及售后服务等方面都有了基本的保证。但是由于选择范围较小，企业最终选择的合作伙伴不一定是最合适的。协商选择法适用于时间紧迫、竞争程度小或技术条件要求高等情况。

（四）采购成本比较法

对于能够同时满足质量和交货期需求的合作伙伴，企业需要通过对其采购成本进行比较来确定选择哪一个企业成为自己的合作伙伴。在计算采购成本时，应当考虑以下费用：采购费用、商品售价、运输费用、储存费用等。企业经过计算，选择采购成本较低的企业成为自己的合作伙伴。

（五）ABC 成本法

ABC 成本法是目前在物流界广泛使用的一种新的成本计算方法。

ABC 成本法的模型为：

$$S_i^B=(p_i-p_{\min})\times q+\sum_j c_j^B\times D_{ij}^B$$

式中：S_i^B 表示第 i 个合作伙伴的成本值；

p_i 是指合作伙伴的销售单价；

$p_{\min}$ 是指合作伙伴中销售单价的最低值；

q 表示采购量；

C_j 表示由企业采购相关活动导致的成本因子 j 的单位成本；

D_{ij}^B 表示由于合作伙伴 i 导致在采购企业内部的成本因子 j 的单位成本。

这个成本模型主要用来对企业由于采购活动而产生的直接或间接的成本进行计算，通过计算，企业可以选择 S_i^B 值最小的企业成为合作伙伴。

（六）层次分析法

层次分析法最早在 20 世纪 70 年代被提出，韦伯等人在之后运用这种方法选择合作伙伴。层次分析法的基本原理是：将具有递阶结构的目标、子目标、约束条件以及部门等作为依据来评价方案，采用量量对比的方式形成一个判断矩阵，将矩阵中最大特征对应的特征向量的分量作为系数，以该系数为基础给出每一个方案的权重。

由于层次分析法将供应商都放在一个矩阵中研究，因此可靠性高、误差小，但是层次分析法也存在一定的缺陷，当在选择过程中需要考虑的问题众多且选择范围很广的时候，矩阵模型就有可能出现因难以满足一致性要求而存在误差的状况，因此很难对被选择的众对象进行进一步的分组。

层次分析法目前作为一种定量和定性相结合的选择供应链合作伙伴的

方式，已经被广泛运用于各大企业。

（七）神经网络算法

人工神经网络（artificial neural network，ANN）是20世纪80年代后期产生并迅速发展起来的一门新兴学科，神经网络算法的操作原理是通过模拟人的智能行为从而对供应商的各方面条件进行判断。神经网络算法可以模拟人的知觉、灵感、形象思维等，通过神经网络算法的运用，可以以更接近人的思维模式的思路对合作伙伴进行选择。通过建立网络模型，对给定样本进行学习，在对供应商进行综合评判时，模型可以成功地模拟并借鉴专家的经验和意见，实现定性分析与定量分析相结合，在很大程度上保证评价的客观性。

神经网络算法的流程结构图见图3-4。

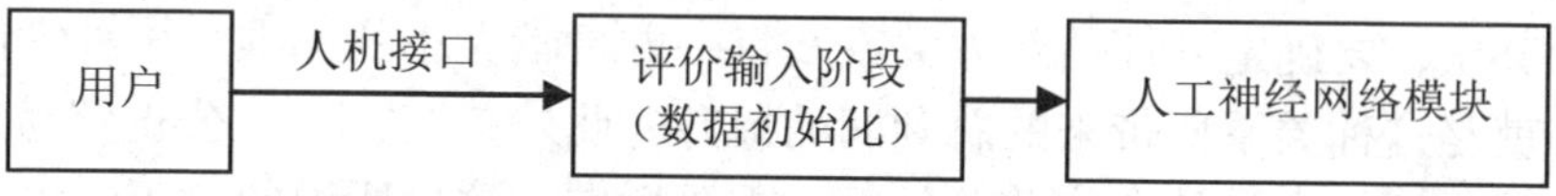

图3-4　基于人工神经网络的合作伙伴综合评价选择流程结构模型

第四节　供应链合作伙伴关系管理

供应链合作与信任关系的重要性是不言而喻的。通常，合作所囊括的合作双方最关心的利润分配和风险分担等内容，都可在双方合作合同中予以界定。合作合同明晰了合作双方的责任、义务、收益、风险等相关安排框架，它是双方行为履行的指导和规范，也是合作信任关系形成的基础。然而，在实际运作中，时有发生合同履约逆悖行为，其中一个重要原因就是合作者之间的信任关系发生了危机。

合作信任关系直接影响着供应链的整体绩效，作为供应链的管理机构（合作管理团队），在供应链运作中要注意合作信任关系的构建，并加强对这种关系的管理。

一、供应链合作伙伴关系的构建

任何长期供应链关系的构筑都分为两个阶段：设计阶段和管理阶段。设计阶段制定基本准则，初创合作关系。在管理阶段，出现了以基本准则为基础的互动关系，这种关系使基本准则得到了进一步发展。如果管理者致力于构筑供应链关系，就必须考虑在这两个阶段如何鼓励合作与信任，前面已经述及，设计基于合作信任的供应链关系主要包括四个步骤的相应内容。

（一）评估合作关系的价值

合作关系是企业进行供应链合作伙伴选择的重要依据，对合作关系的价值进行评估可以从以下三方面入手。

首先，要明确界定合作关系为双方所带来的利益。在大多数供应链合作过程当中，达成合作伙伴关系的每一个成员都拥有不同的经营专长，所有这些技能都是完成顾客订单所必需的。如制造商拥有生产产品的技能，承运商拥有自己独有的运输技能，而零售商则以自己的销售和服务技能将产品销售给消费者。这些技能都是完成客户订单服务所必需的，技能的整合能为双方带来收益。

其次，要确定并评估双方关系及每一方贡献大小的标准。一种常用的标准就是这种关系所带来的总利润的提升。此外，“公平”（公正贸易）也应该成为评估和设计合作关系的又一重要标准。这里所说的公正，可以用来衡量总利润在双方之间分配的公正性。如供应商千方百计降低补给供货期，那么供应链就会因制造商和零售商安全库存（safety inventory）的减少而获利。如果制造商和零售商不愿意和供应商分享这部分利润，供应商则不会徒费其力。只有总利润的增加在供应链合作者之间进行公平分配，这种供应链关系才能得以维持。

最后，要界定各方的贡献以及给各方分配的利润。例如，制造商和分销商共同实施延迟战略，那么，界定双方在实施这一策略中的作用以及这种策略给供应链带来的价值，确定增加利润在双方之间的分配方案至关重要。要设计一种弹性机制进行评估，让各方定期调控关系，调整各自的贡献，分配生成的利润。例如，克莱斯勒公司每年与每位供应商协商，来明确利润提高到某一水平，而不是指定必须达到这一指标。这种弹性使得供应商明确了各自的范围，在这一范围内以最小的成本获得最大的利润提升，为双方创造了双赢的环境。

（二）角色与权力分配

当管理者为供应链各方确定运营角色与决策权力时，必须考虑由此带来的各方之间的相互依赖性。如果任务分配结果导致一方更加依赖另一方时，就会发生某种冲突。如果一方的经营活动总是先于另一方，那么任务分配的结果就会导致“连锁性相互依赖”。一般而言，供应链关系是连锁反应的，一个流程的所有任务完成之后就会交给下一个流程。这个“交给”事实上存在一个“暗缝”。当双方都愿意在完成分配任务之外再扶持对方一把，则这个交的过程是“无缝对接”，反之，“暗缝”就会变成“明缝”，增加交易成本，甚至 “交给”（对接）的过程大于各自完成分配任务的过程，出现了无效的任务分配。因此，在合作者角色与权力分配中，需要界定产品从一方转到另一方过程中各方的任务，需要有一定的机制，这种机制能够利于双方的合作朝着积极的方向发展。如宝钢集团的动态流程管理中实行了作业长制的管理方式。以物流与生产作业过程为例，物资供应站作业长与生产厂、部作业长之间采用标准化、制度化的横向联系方式，双方在“相互依赖”中一起共享信息，相互提携，保证物流与生产流程间“无缝对接”。再如戴尔、索尼和安邦公司的关系，安邦从戴尔公司设在得克萨斯州的仓库中提取电脑主机，从索尼公司设在墨西哥的仓库提取显示器，然后将两种组件组装并成批送达顾客。对于一张需要及时完成的订单来说，三方必须相互协作来完成这一任务。为了实现协调，三方共同制定了一些机制，包括使用合适的信息系统准确地追踪所有贻误产生的根源。

在运营角色与决策权力分配中，管理者需要聚焦的是构筑恰当坚实的相互依赖关系，以及恰当的标准化、制度化的横向联系机制。当相互依赖关系确定后，所有决策都要考虑双方的目标，这样形成的策略就会实现供应链赢利最大化。相互依赖促进了双方的相互作用，一旦这种相互作用朝着积极的方向发展，又会增加相互信任与合作的机会。恰当的标准化、制度化的横向联系机制保障了流程之间的“无缝对接”，支持着相互依赖和相互作用的关系朝着积极的方向发展。

（三）签署有效合同

管理者可以通过签署合同来规定合作关系规则，并鼓励双方协商解决计划之外发生的偶然事件，来增进双方的信任。当信息完全对称、所有未来偶然因素都予以考虑时，就能实现合同最有效的控制。但事实上，这种关系的未来价值以及未来商业环境的不确定性，决定了管理者不可能起草一份涵盖所有偶然因素的合同，这就需要建立相互信任的关系，以弥补合同的欠缺。适当的个体经过双方的认可，会在彼此之间建立一种非正式的关系，随着时间的推移，这种个体间非正式的理解与合作关系往往会在新的合同签订后正式化。在设计合作伙伴关系、起草合同时，要认识到非正式的理解也会加强运营过程中的合作，从而有利于正式合同的发展与完善。

可见，与一开始就完全界定伙伴关系的合同相比，随着时间推移不断发展和完善的合同会更为有效。从长远来看，合同在维持供应链有效合作关系中只起到局部的约束作用，双方的互利和信任关系则可以弥补合同的欠缺，它们的组合有利于确立有效的供应链合作伙伴关系。

（四）设计解决冲突的有效机制

任何供应链关系中都会发生各种各样的冲突，如果冲突无法及时、合理地被解决，那么供应链上各企业之间良好的合作伙伴关系就有可能被破坏。因此，在建立合作信任关系的过程中，形成解决冲突的有效机制是保证合作关系良好运行，不受到企业间不同特征的影响和干扰的有效方式。企业之间应当建立有利于信任关系良好运行的财务程序以及技术交易规则，从而促进供应链合作伙伴之间的信息交流和共享，信息的共享又会反过来促进合作伙伴之间信任关系的巩固，这样就会有利于冲突或矛盾的解决及缓解。

为了合作伙伴关系能正常运行、各企业都能得到相应发展，合作双方应当定期举办例会，在矛盾转化为冲突之前就尽力将其解决。避免财务或技术细节上的问题转化为人际争端是建立解决冲突的有效机制的主要目的。

冲突的解决机制包括很多内容，如双方直接协商解决冲突，依据详尽的合同解决争端，法院和中介机构的介入协助解释合同等。而各方直接协商解决冲突的方式（基于允许协商的弹性合同），更有利于建立信任机制。

二、供应链合作信任关系管理

供应链关系的有效管理有利于促进合作与信任，从而提高供应链的协调性。但在实际中，供应链关系管理被认为是一项烦琐的例行工作，甚至只关注新型伙伴关系的设计而疏于对这种关系作进一步管理，从而导致供应链联盟与合作关系管理的复杂化。供应链合作信任关系的管理不仅不能疏忽，而且需要认真去分析研究，把这种关系管理落到实处。

（一）供应链伙伴关系的演进过程

供应链合作关系的进展流程见图 3-5，由图我们可以看出，合作伙伴关系一旦成立，合作双方就必须对这种合作关系的运营环境、双方在合作关系中应当承担的责任和需要完成的任务、双方为完成任务需要具备的能力等进行了解和掌握。

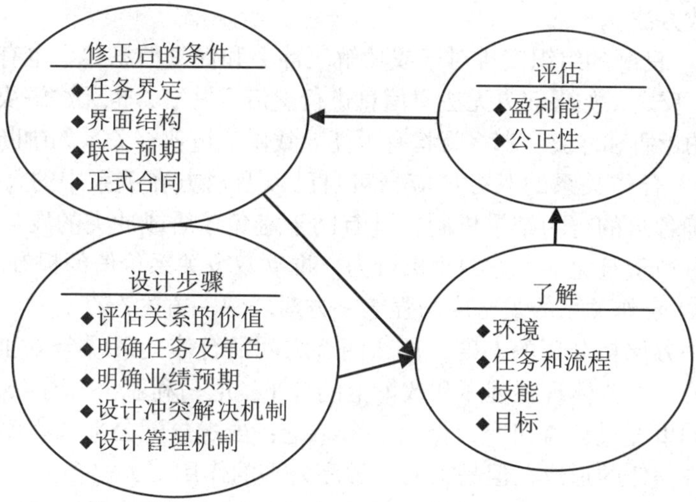

图 3-5　供应链合作伙伴关系进展流程

合作关系中的双方都需要以供应链整体盈利能力的提高以及公平、公正的原则为基础进行业绩评估。在评估中，一项非常重要的内容就是对合作关系的价值进行评估，对合作关系的价值进行有效评估能使合作双方对自己和对方的盈利能力进行了解，从而为提高双方盈利能力、增进公正性的关系创造条件。

为了方便日后修改，初始合同在设计时必须遵循灵活性原则，使之有一定的弹性，而修改之后的合同是合作双方经过对合作关系价值的评估而做出的变化的反映。随着市场环境的不断变化以及供应链目标的不断刷新，合作关系也会经历循环的演进过程，逐步趋于成熟。

（二）合作信任关系管理需关注的因素

任何成功供应链关系都将经历许多类似的循环。如果这种关系带来的可见利润减少或一方有投机行为，那么这种供应链合作伙伴关系就会发生动摇；如果双方缺乏交流，或这种关系的互利性没有定期重申，那么问题就会发生。在管理供应链合作关系时，管理者应当注意以下因素，以提高供应链合作伙伴关系成功的可能性。

（1）处于合作关系中的双方应当注重合作关系中的弹性与信任，这两点有助于推动供应链关系更加稳定。直接负责合作关系的管理者需要根据双方的自身期望确定每一方在合作关系中的价值，这样做也是增进合作关系的有效方法。

（2）良好的组织安排对于成功解决冲突和促进信息共享也有重要的推动作用。反之，如果双方无法对信息进行交流、共享，也无法解决合作过程中出现的矛盾和冲突，那么就将有可能导致供应链伙伴关系的中断。

（3）合作关系的双方还应当对自己以及对方在关系中的行为进行了解，明确各自的行为结果机制，这有助于避免矛盾或冲突的发生。行为结果机制有利于避免某一方的投机行为，推动双方关系价值的提升。

（4）合作关系的紧密度与强势一方对弱势一方的态度有关，强势一方对弱势一方保持公正的态度，那么两者之间的合作关系就会更加紧密。这种关系公正主要体现在程序和政策上的公平。尼马利亚·库玛（N. Kumar）和他的同事经过调查研究，得出一个结论：虽然分配公平和程序公平都能有效促进信任的形成，但是很明显程序公平的作用要大得多。

公正对合作双方提出的要求是能共享合作关系带来的利益，并共同承担合作关系可能产生的风险和额外成本。而在以权力为基础的关系中，强势一方为了保证自己利益的最大化，往往忽视了公正这一项原则，这就导致长期合作关系无法持续下去。因此，要想发展长久、密切的合作关系，强势一方就必须有意识地对对方的盈利能力负责任。

在供应链关系中，议事程序以及策略对双方之间的互动关系起着主导作用，可以让双方意识到其重要性。决策不能偏袒一方，或损害另一方的利益，应当从整体供应链的利益考虑，鼓励双方开展交流活动，公平、公正地推动供应链的发展。同时，公正的议事程序也是双方当事人能对决策产生影响的基础。

综上所述，管理者只有从公正、互利的角度进行合作关系的设计和管理，才能在供应链内建立起信任关系。

（三）合作信任关系管理的方法

在供应链伙伴关系中，由于合作双方都要面临一定的风险，而这种风险可能会导致成本的上升，因此双方管理者要想方设法避免这类风险，而避免风险最有效的方法之一就是加强双方之间的信任。信任不仅可以避免合作关系中的不确定性，而且能提高合作关系的交易数量，促进整个供应链体系中所有企业的自身竞争实力的增强。总体来说，合作信任关系的管理方法主要有以下几种。

1．创建供应链合作的共同愿景

根据行为发生学的理论观点，在交往、交换和交易经验的积累过程中，会产生一种信任关系，这种信任是基于以往的交往经验而产生的。事实上，关系的延续为合作创造了基础，为合作行为的最终确定提供了条件。而行为的延续性又是一种过去的行为对现在和将来的行为的持续性影响的表现。因此，长期的合作关系往往会进一步发展为彼此之间的信任，而一旦合作双方预测到合作关系可以为自身带来怎样的利益时，合作双方之间的信任关系也就会随着合作关系的发展而逐渐加强。

因此，应建立合作伙伴共同的愿景，强调合作的重要性，从长远的角度来看待合作伙伴之间的关系，促进合作关系中各成员之间的交流，创建伙伴信任机制的关系。如果无法达成一致的愿景，无法形成统一的目标，那么就有可能导致矛盾甚至冲突的产生。

一般来说，在供应链合作关系形成的初期，由于合作关系中各成员之间对彼此的了解很有限，避免不了相互猜疑、相互勘探的情况出现。但是，随着时间的推移和各成员对对方了解的深入，成员们会不断增强对合作伙伴的信任以及对非股权战略联盟的了解。然而，信任关系毕竟不是稳固的，还是需要管理者对其进行经营，尤其是在合作关系形成初期，合作关系中各企业的管理者应积极加强对其他企业的了解和认知，同时积极向其他企业提供自己的企业信息。此外，管理者还要遵循“积极参与、重复强化”的原则，反复强调信任在合作关系中的重要性。为了达到增强成员间彼此信任的目的，供应链中的企业成员有必要在彼此交往的过程中，通过正式或非正式的沟通方式提高行为的透明度。这样做的目的有两点，一方面是帮助各成员都能了解其他成员以及行为的进度，并参照其他成员的行为和能力来确定自己在合作关系中所处的位置；另一方面是提高成员对其他企业行为的认知程度，减少因不了解、不理解造成的不信任。只要合作伙伴持续关注沟通和交流，关注管理层在生产和运营等环节上的合作以及随之产生的密切关系，那么供应链合作关系必然会随着时间的推移越来越密切，成员之间的相互信任程度也会越来越高。

曾任麦肯锡公司驻日本分公司执行董事的凯尼奇·奥梅（K.Omme）认为，如果合作伙伴之间缺少良好的经常性的沟通，那么即使是再精心设计的关系也会有产生裂痕的一天，只依靠完善的管理机制并不能够保证沟通的良好运行，合作伙伴之间的关系需要管理层人员花费时间和精力去维持和经营。合作双方的高层管理者不能只是象征性地维持见面，而是应当经常见面，对已经取得的成绩和未来的目标进行回顾和展望。

2. 培养合作信任的供应链文化

企业文化是企业在长期的生产经营活动中形成的统一的管理理念、思维方式以及行为规范的总和。因此，不同组织的企业必然存在着各不相同、各具特色的企业文化。参与供应链的企业往往具有跨地域、跨组织的特征，由于不同地域、不同组织的行为习惯、经济法律制度上存在的差异，这些企业在企业文化上更是风格迥异。正是由于在企业文化上存在的差异，合作企业之间难免会由于观念的不同产生矛盾或冲突，威胁着合作关系的维系。同时，企业之间文化的差异，可能会转化为经营管理上的差别，因此会在很大程度上给合作关系的管理带来麻烦。

建立以合作信任为基础的供应链文化是指在合作伙伴之间建立一种高度相容的文化体系，保证合作伙伴之间沟通渠道的顺畅，统一的供应链文化能在一定程度上缓解伙伴之间的矛盾和冲突，强调各企业行为上的统一性和连续性，最大限度地减少信任关系受到的破坏。要建立合作信任的供应链文化，比较简单的方法就是选择具有相似社会和文化背景的企业作为合作伙伴，从而在较短时间内形成统一的供应链文化。

3. 坚持公平的利益分配原则

对于供应链联盟中的成员来说，最终的目的是获得不参与联盟无法获得的利益。合作各方之间的利益分配和责任分担问题的解决直接影响着合作关系的维系和发展。只有在合作过程中建立起来的分配机制，才能促进合作伙伴之间信任程度的增加，才能保障合作关系的持续和企业的发展。

在供应链利益分配中，参与者不仅关注自己能否获得预期收益以及自身竞争实力的增强，而且关注自己获得的收益在整个供应链创造出来的总价值中的比重。也就是说，各成员不仅关心整块蛋糕的大小，同样关心自己获得的蛋糕在整个蛋糕中占有的比例。合作伙伴对于获得利益在总价值中的比例的重视意味着如果他们在联盟中并没有受到损失，但是并没有获得与贡献的价值相对应的收益，那么这些企业就会觉得受到了伤害。因此，关心合作伙伴的盈利能力，合理分配自己在联盟中创造的价值，对于合作关系的维持非常重要。如果这个问题不能得到充分的重视和解决，那么供应链合作关系中伙伴之间的信任关系就会受到破坏，会直接影响到供应链合作关系的“存亡”。

4．加强共同学习与知识共享

加强共同学习有利于增强合作伙伴之间的互相信任。企业一旦选择加入某一供应链，那么就自动与供应链上的其他企业形成了一个团队。在团队内，加强共同学习也就是促进团队成员加强对其他伙伴以及团队整体的认识。团队学习不仅包括显性知识，同时还包括隐性知识。随着具有不同专业技能的成员之间交流的不断深入，成员之间对于其他伙伴掌握知识和技术的能力的了解将越来越深入和详细。通过合作伙伴的共同学习，各成员企业不仅加深了对其他成员掌握知识技能的了解，而且进一步对自身的能力产生了自信，使得各企业形成以自我价值感和共同目标为基础的信任。

同时，在合作伙伴之间开展共同学习，不仅能增强各成员自身的技能，而且在共同学习的过程中，供应链独有的超越单个企业知识技能简单相加的知识技能的集成系统得以形成，这一系统为供应链实现绩效目标、达到供应链价值最大化奠定了基础。有了这一知识系统作为基础，合作成员就会对供应链整体的前景充满信心，从而对自己参与的供应链整体的生产能力产生信任。

在知识经济时代，知识已成为企业中最具有战略性的资源，知识本身只有在交流中才能获得更大的发展，在合作企业中建立知识与信息的共享机制，创造开放、自由的沟通平台，有助于企业之间形成互惠互利的信任关系。与此同时，良好的信任关系也有利于企业之间知识与信息共享程度的加深。

在知识共享中我们需要注意的是，知识与信息的共享并不是简单意义上的知识共有，知识共有仅仅只是合作关系中成员对交易诀窍和特定信息相互感知的一种静态关系。而知识共享是指在了解交易信息的基础上，通过学习、吸引、融合和创新原有知识，形成新的知识，运用新的知识指导企业的经营与管理以及企业间相互关系的处理。知识共享强调对知识和能力的学习，合作关系中各企业的学习能力直接影响到知识的共享程度，而学习能力主要受到企业的技能基础、组织透明度、学习意图以及员工的沟通能力等方面因素的影响。

第五节　供应链合作伙伴选择常见问题及改进

一、建立供应链合作伙伴关系需要注意的问题

作为一条由多个相互独立的合作伙伴构成的供应链，其中的伙伴关系管理是关系到供应链运作能否成功的关键之一。为此，建立供应链合作伙

伴关系，需要注意以下事项。

（一）相互信任

作为一种行为，信任通常意味着合作，而低水平的信任则意味着只顾为自身利益进行的明争暗斗。供应链合作伙伴之间信任关系的建立可以避免供应链管理的冲突，降低合作伙伴之间的交易成本。在供应链节点的各个企业，由于组织结构、文化背景等方面都存在着较大差异的情况下，信任关系的建立，可以大大降低伙伴之间的协调工作量，并促进合作伙伴以灵活的方式相互调整彼此合作的态度和行为，从而有利于形成稳定的供应链合作关系，使供应链管理总成本最小。

为了实现相互信任，供应链各合作伙伴之间要经常沟通，相互了解各自的企业组织结构和企业文化，求同存异。此外，各伙伴之间应始终保持信息共享，相互沟通所获取的最新的市场信息，了解顾客的需求变化，从而对供应链及时进行调整。

（二）信息共享

在合作的过程中，如果能始终在伙伴之间保持信息共享，那么各方的信任度评价也会提高，合作效果越明显。因此供应链合作伙伴之间必须借助 EDI（electronic data interchange，电子数据交换）技术，构建供应链管理信息系统，使各伙伴之间能共享信息。制造商必须让供应商了解制造企业的生产程序和生产能力，使供应商能够清楚地知道企业需要产品或原材料的期限、质量和数量，并向供应商提供自己的经营计划、经营策略及相应的措施，使供应商明确企业的目标，以使自己能随时达到企业要求的目标。

各伙伴之间必须相互沟通所获取的最新的市场信息，了解顾客的需求变化，以调整各自的生产和经营计划，达到双赢或多赢效果。

（三）权责明确

正如企业内部的分工要明确一样，合作伙伴之间也要明确各自的责任，并各自向对方负责，供应链伙伴之间不能为了自身利益而不负责任，牺牲他人利益。企业在合作过程中不应将责任、风险、成本等转嫁给合作伙伴，同时竭尽全力地将利益收归自己所有，这种做法对供应链合作是极其有害的。合作伙伴必须无间合作，把共同成本降低，共同分享利润。如果供应链管理者一味地压榨供应商或对消费者抬高物价，造成的结果是整条供应链的崩溃，或者在与其他供应链的竞争中被市场淘汰。

二、改进合作伙伴之间问题的方法和态度

在瞬息万变的市场环境中，一条长长的供应链高速运转不可能是一帆风顺的，供应链中的各企业由于工作目标不尽相同，其工作方法也会因组织管理方式、模式以及组织文化等方面存在的差异而有所不同，同时在日程安排、成本的分摊及利益的分配等方面也可能存在分歧。这些问题如果得不到及时、圆满的解决，整条供应链的运作效率就将大打折扣。因此，企业最高层领导对于供应链合作关系管理要给予足够的重视和支持，要成立专门的小组，要有灵活、务实、忍耐、宽容的态度，及时协调、处理可能发生的各种问题，以促进供应链整体目标的实现。

【案例分析】

经济全球化、制造全球化、合作伙伴关系发展、信息技术进步以及管理思想的创新，使得竞争的方式也发生了不同寻常的转变。现在的竞争主体，已经从以往的企业与企业之间的竞争转向供应链与供应链之间的竞争。因此，在越来越激烈的竞争环境下，供应链管理成为近年来在国内外逐渐受到重视的一种新的管理理念和管理模式，在企业管理中得到普遍应用。中国风神汽车有限公司就是一个典型范例。

风神汽车的合作伙伴管理

风神汽车有限公司是东风汽车公司、裕隆汽车制造股份有限公司（其市场占有高达 51%，年销量 20 万辆）、广州京安云豹汽车有限公司等共同合资组建的，由东风汽车公司控股的三资企业。在竞争日益激烈的大环境下，风神公司采用供应链管理思想和模式及其支持技术方法，取得了当年组建、当年获利的好成绩。通过供应链系统，风神汽车有限公司建立了自己的竞争优势：通过与供应商、花都工厂、襄阳工厂等企业建立战略合作伙伴关系，优化了链上成员间的协同运作管理模式，实现了合作伙伴企业之间的信息共享，促进物流通畅，提高了客户反应速度，创造了竞争中的时间和空间优势；通过设立中间仓库，实现了准时化采购，从而减少了各个环节上的库存量，避免了许多不必要的库存成本消耗；通过在全球范围内优化合作，各个节点企业将资源集中于核心业务，充分发挥其专业优势

和核心能力，最大限度地减少了产品开发、生产、分销、服务的时间和空间距离，实现对客户需求的快速有效反应，大幅度缩短订货的提前期；通过战略合作充分发挥链上企业的核心竞争力，实现优势互补和资源共享，共生出更强的整体核心竞争能力与竞争优势。

一、风神供应链结构

在风神供应链中，核心企业风神汽车公司总部设在深圳，生产基地设在湖北的襄阳、广东的花都和惠州。“两地生产、委托加工”的供应链组织结构模式使得公司组织结构既灵活又科学。风神供应链中所有企业得以有效的连接起来形成一体化的供应链，并和从原材料到向顾客按时交货的信息流相协调。同时，在所有供应链成员之中建立起了合作伙伴型的业务关系，促进了供应链活动的协调进行。

在风神供应链中，风神汽车公司通过自己所处的核心地位，对整个供应链的运行进行信息流和物流的协调，各节点企业（供应商、中间仓库、工厂、专营店） 在需求信息的驱动下，通过供应链的职能分工与合作（供应、库存、生产、分销等），以资金流、物流或/和服务流为媒介，实现整个风神供应链不断增值。

二、风神供应链的结构特征

为了适应产品生命周期不断缩短、企业之间的合作日益复杂以及顾客的要求更加挑剔的环境，风神供应链中的供应商、产品（整车）制造商和分销商（专营店）被有机组织起来，形成了供应-生产-销售的供应链。风神的供应商包括了多家国内供应商和多家国外供应商（KD 件），并且在全国各地设有多家专营店。供应商、制造商和分销商在战略、任务、资源和能力方面相互依赖，构成了十分复杂的供应-生产-销售网链。通过分析发现，风神供应链具有以下特征。

首先，风神供应链的结构具有层次性。从组织边界的角度看，虽然每个业务实体都是供应链的成员，但是它们可以通过不同的组织边界体现出来。这些实体在法律上是平等的，在业务关系上是有层次的，这与产品结构的层次是一致的。

其次，风神供应链的结构表现为双向性。在风神供应链的企业中，使用某一共同资源（如原材料、半成品或产品）的实体之间既相互竞争又相互合作，如襄阳和花都厂作为汽车制造厂，必然在产量、质量等很多方面存在竞争，但是在整个风神供应链运作中又是紧密合作的。花都厂为襄阳厂提供冲压件，在备件、零部件发生短缺时，相互之间又会进行协调调拨保证生产的连续性，最终保证供应链系统的整体最优。

再次，风神供应链的结构呈多级性。随着供应、生产和销售关系的复杂化，风神供应链的成员越来越多。如果把供应链网中相邻两个业务实体的关系看作一对“供应一购买”关系，对于风神供应链这样的网链结构，这种关系应该是多级的，而且同一级涉及多个供应商和购买商。供应链的多级结构增加了供应链管理的困难，同时也为供应链的优化组合提供了基础，可以使风神公司根据市场变化随时对备选伙伴进行组合，省去了重新寻找合作伙伴的时间。

最后，风神供应链的结构是动态的。供应链的成员通过物流和信息流联结起来，但是它们之间的关系并不是一成不变的。根据风神公司战略转变和适应市场变化的需要，风神供应链中的节点企业需要动态地进行更新，而且供应链成员之间的关系也由于顾客需求的变化而经常做出适应性的调整。

利用风神供应链的这些特征，风神公司找到了管理的重点。例如，风神公司对供应链系统进行了层次区分，确定出了主干供应链和分支供应链，在此基础上建立起了最具竞争力的一体化供应链。另外，利用供应链的多级性特征，对供应链进行等级排列，对供应商/分销商做进一步细分，进而制定出具体的供应/营销组合策略。利用供应链结构的动态性特点指导风神公司建立供应链适时修正战略，使之不断适应外部环境的变化。一些企业之所以取得全球化经营的成功，关键在于它卓越地分析了公司供应链的多级结构，有效地运用了供应商多级细分策略，这一点在风神公司的供应链上也得到了体现，说明充分掌握供应链的结构特征对制定恰当管理策略的重要性。

第四章　供应链风险管理与控制

第一节　供应链风险及其管理

一、现实中典型的供应链风险事件

近几年来，随着供应链的复杂性不断增加，供应链的脆弱性也在逐渐增加，各种供应链风险事件让很多企业损失惨重。下述列举若干典型的供应链风险事件。

（1）2000 年，美国新墨西哥州飞利浦公司的第 22 号芯片厂发生火灾，爱立信公司因此损失了 4 亿美元的销售额，市场占有率也从原来的 12%下降为 9%，最后竟退出了全球手机市场。

（2）2001 年，思科公司因为需求预测失误造成 25 亿美元的存货报废。

（3）2002 年 9 月，美国西海岸发生工人罢工事件，由于这里是我国的中远集团进入美国的主要门户，罢工事件致使中远集团在两周内损失至少 2 400 万美元。

（4）2001 年的“9・11”恐怖袭击使得北美的机场被迫关闭，致使美国国内数千条供应链中断，造成难以估计的损失。

（5）2005 年，雀巢奶粉碘含量超标，宝洁 SK-II被诉含有有害成分，肯德基、麦当劳部分产品被发现含有苏丹红一号。

（6）2009 年的丰田召回事件。

（7）2011 年日本大地震，震垮了许多企业，导致生产中断从而引发下游供应链瘫痪。

（8）2018 年 5 月 2 日，福特的一家关键零部件供应商 Meridian 在密歇根州的工厂发生火灾，直接导致福特三家工厂停产。

上述这些供应链风险事件，有些事件是自然灾害或恐怖分子袭击导致的，这些事件对供应链管理者来说是不可控的。而更多的事件则是由人为因素引发的，这类事件绝大部分是由于供应链风险管理缺失造成的。不管何种因素导致供应链出现风险问题，最后的损失都是难以估计的，有些企业甚至因此破产倒闭，多年的经营心血毁于一旦。面对各种风险事件或突发事件的冲击，供应链如何保持稳健运行，并能尽快从各种危机和冲击中恢复过来，尽量减少损失，成为21世纪供应链管理的重要内容。我们必须特别重视供应链风险管理问题。

二、风险管理

1930年，风险管理萌芽，1938年以后，美国企业开始采用科学的风险管理方法，并逐步积累了丰富的经验。1950年，风险管理发展成为一门学科，1970年，风险管理在全球受到关注。1983年在美国召开的风险和保险管理协会年会上，世界各国专家学者云集纽约，共同讨论并通过了《101条风险管理准则》，它标志着风险管理的发展进入了一个新的阶段。

一般人对于风险的观念及定义到现在仍然相当模糊，因为它表达的其实是一个抽象而笼统的概念。风险的特性是在强调未来的可能性，以及未事件发生的不确定性。如果一个事件或活动没有不确定性，风险也就不会存在。

根据《韦氏词典》对风险的解释："损失的可能性或危害的结果"，风险有两层含义：一是易变化的特性和状态，缺乏肯定性，也就是不确定性；二是具有无常的、含糊的或未知性质的事物。

许多学者都尝试着去定义风险，目前比较公认的对风险的定义主要是V. W. Mitchell的观点，他认为风险是组织或个人发生损失的概率以及损失的严重性两者的组合，任一事件的风险为事件的发生概率与事件发生的后果的乘积。由此可知，风险包含两项基本组成：一是损失，二是不确定性。

中华人民共和国国家标准《供应链风险管理指南》（GB/T 24420-2009）对风险的定义为：风险（risk）是不确定性对目标实现的影响。

总之，关于风险的研究主要有两种视角：一是不确定性视角，二是损失性视角。从更切合实际的角度来看，应该将不确定性视角和损失性视角综合起来，这样更能反映风险的本来面目。

三、供应链风险和供应链风险管理的含义

供应链所面临的市场竞争环境也存在着大量的不确定性。只要存在不确定性，就存在一定的风险。不确定性是指当引入时间因素后，对事物的特征和状态不可充分地、准确地加以观察、测定和预见。供应链企业之间在合作过程中存在着各种产生内在不确定性和外在不确定性的因素，因此需要进行风险管理。

供应链系统是一个复杂的系统，其风险是很难界定的，不同学者从不同角度来定义。国外学者对供应链风险的研究是从研究供应风险开始的，Mitchell 认为，它是由各成员企业中员工的教育层次等因素的不同以及供应市场的特征（如市场结构的稳定性、市场利率的变化等）导致供应上的不足而带来的风险。G. A. Zsidisin 等将供应风险定义为“供应不及时而导致货物和服务质量的降低”。也有学者按照风险的一般方法，将供应链风险分为可控制和不可控制的风险：不可控制的风险，如恐怖主义行为、严重的劳工停工、自然灾害等；可控制的风险，如供应商资格、来源方的产品和服务等。但是，这些并没有给供应链风险一个确切的定义，也没有具体分析区别的依据。

根据德勤咨询公司 2004 年发布的一项供应链研究报告，供应链风险是指对一个或多个供应链成员产生不利影响或破坏供应链运行环境，从而使得供应链管理达不到预期目标甚至导致失败的不确定性因素或意外事件。

英国克兰菲尔德大学管理学院把供应链风险定义为供应链的脆弱性，供应链风险因素的发生通常会降低供应链运行效率，增加成本，甚至导致供应链的破裂和失败。有效的供应链风险管理将有利于供应链安全运行，降低运行成本，提高供应链的运行绩效。

中华人民共和国国家标准《供应链风险管理指南》（GB / T 24420-2009）也对供应链风险进行了定义：供应链风险（supply chain risk）是指有关供应链的不确定性对目标实现的影响。

因此，我们可以认为，供应链风险包括所有影响和破坏供应链安全运行，使其不能达到供应链管理预期目标，造成供应链效率下降、成本增加，导致供应链合作失败或解体的各项不确定性因素和意外事件，既包括自然灾害带来的风险事件，也包括人为因素产生的风险事件。

为了提高供应链的竞争力，获取竞争优势，企业需要高度重视供应链风险管理，它不仅是供应链管理理论体系的核心内容之一，而且是供应链管理的内在要求。企业必须采取措施避免可能对供应链产生破坏的风险，尽量降低风险给供应链带来的损失，使供应链在受到风险事件冲击后能够迅速恢复到正常运行状态。这些目标只有通过合理的风险管理与控制措施才能达成。

所谓供应链风险管理（supply chain risk management），就是为了提高供应链运行的稳健性而在风险分析、风险识别、风险应对及供应链危机恢复过程中所采取的风险应对计划、组织、协调与控制活动的总称。

四、供应链风险的客观性和特性

（一）供应链风险的客观性

无论是自然界中的各种自然灾害，还是社会领域中的冲突、意外事故或战争，都不以人的主观意志为转移而客观存在,它们的存在和发生就整体而言是一种必然现象。像许多风险一样，供应链风险的发生也是客观和必然的，其本身是不可避免的，主要表现在以下几方面。

（1）供应链本身结构的复杂性导致了风险的客观存在。从组织结构来看，供应链是一个复杂的网络，由具有不同目标且相互独立的经营主体组成。因此，供应链的运作相比单个企业的运作要复杂得多，物资从供应源进入供应链到变成商品到达最终用户手中，经过了原材料供应体系、制造体系和分销体系的众多节点企业，包括运输、储存、装卸、搬运、包装、流通加工、配送、信息处理等诸多环节，其间伴随着商流、物流、信息流和资金流的发生。虽然整个供应链是一个利益共同体，但各节点企业有各自的经营战略、目标市场、技术水平、管理制度以及企业文化等，甚至同一个企业可能同时属于多个相互竞争的供应链，这些都增加了供应链管理的复杂性和难度，从而导致了风险的产生。

（2）供应链所处内外部环境的不确定性导致了风险的客观存在。将供应链当成一个系统来看，其面临的不确定性环境包括两方面：系统外部环境的不确定性和系统内部环境的不确定性。系统外部环境的不确定性主要指自然环境、市场需求环境、经济环境、政策环境、竞争环境以及资源环境等因素，这些都是客观存在的，并且是不能改变的，供应链只能调整自身去适应；系统内部环境的不确定性主要指供应链上各节点企业运作的不确定性，比如原材料供应商方面的运输问题、货源问题造成的不确定性，制造商方面由于生产系统的可靠性、计划执行的偏差、关键人员的临时短缺导致的不确定性，还有分销企业在配送、渠道设置方面的不确定性等，这些内部不确定性也是不能完全避免的。因此，系统内外部环境中这些不确定性因素的客观存在也决定了供应链风险的客观存在。

（3）供应链全球化趋势增加了风险。从过去盛行的“本地化”生产与营销策略转向“全球化”生产和营销是一大趋势。现在通过远程采购、全球生产和装配，供应链可以从地球的一端延伸至另一端。比如一些电子产品，可在中国台湾地区采购零部件，在新加坡组装，最后在美国总装，然后卖到全球市场。全球化的采购和生产可能降低采购成本和劳动力成本，但也可能带来更长的提前期、更多的安全库存和更高的报废率，增加了风险。另外，全球化的趋势使得供应链企业的分布范围更广，而劳动力成本低的地区或国家往往政局不太稳定，容易发生战乱，从而影响供应和生产，增加供应链运作的风险。

供应链风险的范围、程度、频率以及形式、时间等都可能表现各异，但它总会以独特的方式表现自己的存在，是一种必然事件。人们收集的有关供应链风险的资料越多，对供应链风险的认识越高，供应链风险的规律性就越容易被发现或接近于被发现。

（二）供应链风险的特性

1. 动态性

供应链管理目标的实现是供应链整合优化的过程。实现供应链目标的过程受到内部和外部各种因素的影响，不同的成员企业和业务面临的风险因素不同。其中有些因素随着环境和资源的变化及供应链管理目标的调整，可能会转化为供应链风险因素。供应链因外部客观环境或内部结构而产生风险，这些供应链风险决不会静止、僵化不变，而是随着风险处理的正确性与及时性降低或升高。因此，供应链风险将与供应链的运作相伴存在，具有动态性特征。正因为供应链风险的动态性，所以即使是如星星之火般的小风险，也有可能变成燎原之火的巨型风险。供应链风险变化的每一阶段几乎都具有因果连锁效应，所以不能忽视供应链风险的动态性。

2. 复杂性与多样性 / 多层次性

供应链网络的复杂性导致供应链风险的来源呈现复杂性的特征。供应链从构建起就面对许多风险，它不仅要面对单个成员企业面对的系统风险与非系统风险，还要面对由供应链特有的组织结构所决定的企业之间的合作风险技术与信息资源传递风险、文化冲突风险及利润分配风险等。因此相比一般企业的风险，供应链风险类型多、范围广，也更为复杂。另外，供应链的结构呈现层次化及网络化，不同层次的供应链成员如核心企业、供应商、经销商、协作层企业，它们对供应链运作的影响程度不同，同样的风险对不同层次的供应链成员的影响程度也不同。

3. 传递性

传递性是供应链风险最显著的特性，也是由供应链自身组织结构所决定的。供应链从产品开发、原材料采购、生产加工到仓储配送整个过程，都是由多个供应链节点企业共同参与完成的，根据流程的顺序，各节点企业的工作形成了一个交错的混合网络结构，其中某一项工作既可能由一个企业完成，也可能由多个企业共同完成；某一个企业既可能参与一个环节，也可能参与多个环节。各节点环环相扣，彼此依赖和相互影响，任何一个节点出现问题，都可能波及其他节点，进而影响整个供应链的正常运作。供应链是链式生产结构，源头的企业可以通过这种结构把一定的风险传递到下游企业，下游企业也可能通过信息流、资金流等途径把风险传递给上游企业。一个企业产生风险，造成生产、销售等困难，那么，整条供应链都要受到牵连。长鞭效应便是由这种传递性引起的。传递性会利用供应链系统的联动性，使风险对供应链系统造成破坏，给上下游企业以及整个供应链带来损害和损失。供应链整体的效率、成本、质量指标取决于节点指标。各节点均存在风险，而供应链整体风险由各节点风险传递而成。

4．此消彼长性

各种风险之间往往是互相联系的，采取措施消除一种风险可能会导致另一种风险加剧。同样，供应链上某个企业采取的措施可能会增加供应链上其他企业的风险。供应链中的很多风险是此消彼长的，一种风险的减少会引起另一种风险的增加。一方面，企业内部一种风险的减少会导致另一种风险的增加。比如企业为了加强与供应商的长期战略合作，可能会采用单一或少数供应商原则，而这无疑增加了供应中断风险。另一方面，供应链系统内各节点企业之间风险是此消彼长的，即某一企业风险的减少可能会导致相关的企业风险的增加。比如制造商为了减少自身的库存风险，要求上游供应商采用 JIT 方式送货，而这必然导致上游供应商送货成本增加和库存积压。因此，在研究供应链风险以及加强对供应链风险的控制时就要充分考虑风险之间的相互影响，对此消彼长的风险进行权衡以确保供应链整体风险最小。

由以上论述可知，风险在供应链日常运营中是客观存在的，而且随着供应链的全球化发展，这种风险会越来越大。为了降低由于各种不确定性因素引发供应链中断或其他危机而导致的损失，我们就要加强对供应链的风险管理，提高供应链弹性或柔韧性，使供应链始终能稳健地运行。

第二节　供应链风险的分类与识别分析

供应链风险管理的核心在于风险识别、风险分析以及对危机发生后的响应。过去，人们习惯将风险理解为自然界的不确定性事件，如地震、飓风、冰雪灾害、流行病等突发性的非常规性事件。这些事件基本上是不可预测的，但也并不是每天都会出现，不过一旦发生，就会对人类社会造成很大的影响，有时甚至是灾难性的。而供应链管理中的风险因素，除上述这些非常规性事件外，更多的是常规性的，但是这些风险并没有引起管理者的充分注意。因此，我们识别供应链风险，必须同时注意自然灾害产生的风险以及人为因素产生的风险，并能清楚地识别不同的供应链风险。

一、供应链风险的类型

（一）按风险来源分类

Jüttner 等根据对制造、零售和物流行业的多个公司的调研结果，将供应链风险的来源分成三类：环境风险源（environment risk sources）、网络风险源（network risk sources）和组织风险源（organizational risk sources）（见图 4-1）。其中网络风险源又包括三种不同的来源：所有权不明、供应链复杂性引起的上下游协调问题（如长鞭效应等）和因为惰性而产生的响应速度太慢。

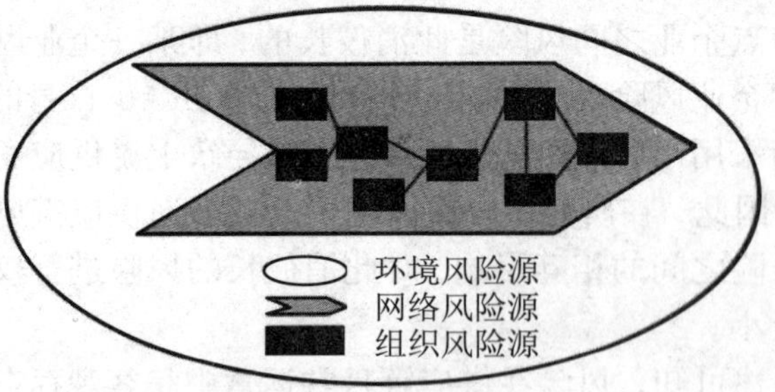

图 4-1　供应链风险源

Mason 和 Towill 把供应链风险来源分成五个相互交错的类型：环境风险源（environmental risk sources）、需求风险源（demand risk sources）、供应风险源（supply risk sources）、流程风险源（process risk sources）和控制风险源（control risk sources）。

1. 环境风险源

它主要是指由外在不确定性因素造成的风险，大致可以分为四类。

（1）突发事件，例如海湾战争引起的石油危机、“9·11”恐怖袭击等。

（2）疾病与自然灾害，例如爆发口蹄疫、禽流感、甲型 H1N1 流感和突然发生的火灾、地震等。

（3）社会事件，例如 2008 年爆发的金融风暴、迪拜债务危机等。

（4）经济变动，例如汇率波动、国家经济政策变化等。

2. 需求风险源

在出厂物流中可能会发生的任何风险，基本都归属于需求风险的范畴，以及产品需求的变动，包括季节性变化、流行趋势所引起的需求变化、新产品上市等。需求风险源主要来自供应链企业的客户，客户增加或减少订单都会引发供应链风险。

3. 供应风险源

供应风险是一个多层面的概念，供应风险源大致分为两大类（见表 4-1）。一类来自供应商自身，包括新产品开发、供货质量出现问题，以及供货突然中断等。另一类源于供应市场特征，主要包括单一／有限货源以及市场短缺等。

表 4-1　供应链风险源

供应商	供应市场特征
新产品开发	单一／有限货源
配送过程中突发状况	市场短缺
与上游供应商的关系	商品价格上涨
供应商对客户应尽的义务	供应商位于同一区域
供货质量出现问题	供应商是否拥有专利
价格／成本上升	
供货不足	
科技落后	
供货突然中断	

4. 流程风险源

流程风险源指的是供应链中各伙伴之间合作的执行以及连接方式，当因产品的不同特性而采用不同的供应链策略时，特定供应链上的合作关系以及执行方式也会随之改变。如果能根据不同的产品及市场特性采用适合的供应链合作流程，就可以大大降低风险。

5. 控制风险源

控制风险源指的是供应链中决策的机制、政策，或是规定，包括订购量、批量以及安全库存。严格意义上，流程风险源和控制风险源并不能算是真正的风险源，但是二者能够主导风险事件发生后果持续扩大或是得以减缓。比如，当客户需求突然间发生变动，如果关于订购量的政策不具有弹性，那么这个需求变动所带来的后果将被放大。流程风险源和控制风险源其实像是供应链中各企业作业的内部结构，二者的完善与弹性将决定环境风险源、供应风险源以及需求风险源对供应链所造成的影响程度。

Jüttner将Mason和Towill划分的五种风险源对应的风险归纳为两大类：环境风险、供应风险和需求风险作为一类风险来源，因为这些风险都是由外部事件引起的；流程风险和控制风险则作为另一类风险来源，因为它们本身不产生风险，但是可以减少或扩大风险。在对很多公司进行调研后，Jüttner 进一步指出，企业确定自身的风险来源在当今越来越复杂的供应链中变得十分重要，同一风险对整条供应链都会产生相似的影响，确定风险来源的范围应该扩大到整条供应链。

（二）按风险类别分类

参考 Jüttner 等的分类架构，可按照风险因素的不同类别归纳出以下几类供应链风险。

1. 内部供应链风险

它主要指供应链系统内部产生的风险，如各企业之间潜在的互动博弈与合作引发的风险、信息传递风险、文化差异风险、利润分配风险和能力风险等。主要包括以下几种。

（1）组织风险（organizational risk）。企业组织内部供应链风险问题，从组织内部层面探讨风险的来源，包括人力资源、质量管理、管理者决策以及新产品开发，涉及人员、设备以及技术，其中任何一项出现错误，就可能会造成组织供应链的损失。

（2）库存风险（inventory risk）。库存的存放地点、种类、数量以及补充方式，必须与整体供应链相结合。当预测失真、调度或存活系统出现问题时，均可能造成损害。

（3）采购风险（purchasing risk）。采购的目的是必须要以适当的成本在适当的时间、正确的地点，以最有效率的方式将产品或服务顺利交给需求方。采购的每一阶段都隐含着风险，比如采购成本过高就可能导致竞争力降低，无法满足客户需求。

（4）配送风险（distribution risk）。配送的主要目的在于让产品流动，尽可能快速地交付客户所需产品，同时符合生产进度。若发生运输设备故障或人为状况、缺货严重，无法迅速回应配送，或是沟通不畅，以至于配送信息发生错误，都可能影响到配送及其成本。

（5）财务风险（financial risk）。财务风险是组织之间的现金流动风险，包括费用、收入及支出、对整个供应链的投资、现金以及财产处置、账款出纳流程及系统面临的风险。财务风险存在于整体供应链中，无论上、中、下游都有可能出现外部环境风险或是内部运营状况。

2. 相关网络风险

它主要指合作伙伴关系网络和信息网络形成的风险。

（1）合作伙伴关系风险（partnership relationship risk）。伙伴关系是一种组织间的临时性关系，当彼此同意改变个别的经营方式而相互整合、共享利益时就形成这种伙伴关系。这种关系建立于彼此间的信任关系下，一旦这种关系有所变化，将影响整条供应链。

（2）信息风险（information risk）。在互联网时代，从订单到交货，都是通过网络技术的协助来交易，一旦信息网络出现问题或是系统出错，将会严重影响到供应链上信息的传递，从而引发供应链风险。

3. 外部供应链风险

（1）自然风险（natural risk）。这类风险来自自然灾害或偶发性意外事件，如地震、火灾、水灾、疫情等灾害。这类风险虽然属于偶发性风险，但是一旦发生，所造成的损失往往难以估计，企业只能事前多做保险与防范措施，使损失降到最低。

（2）市场风险（market risk）。市场风险主要指市场、产业以及新产品三者之间的不确定性所造成的供应链阻碍，包括客户需求的不确定性以及新产品的风险。现今产品生命周期逐渐缩短，产品不断推陈出新，影响了产品线，造成供应链风险。

（三）按风险的性质分类

1. 重大突发非常规风险

重大突发非常规风险是指由于社会突发事件（如恐怖袭击和突发战争）或者是自然灾害（如几十年甚至百年一遇的冰雪、地震等）所引发的供应链风险。这类风险的特点是一击致命，一旦发生将使得整个供应链瘫痪。这类风险往往是不可预测或很难预测的，但是，就其发生的概率而言是相当低的。这类风险的管理重点是如何建立危机应急响应机制，一旦真的发生了风险灾害事件，要迅速采取事后补救措施，最大限度地减少损害。

2. 常规风险

与重大突发非常规风险不同，供应链企业在日常运作中还受到另一类风险的影响。这类风险事件发生的频率很高，每次发生时对供应链的危害并非一击致命，有时甚至小到不能引起人们的注意。例如，在供应链企业日常运作中经常出现的诸如订单延迟、生产过程中断、库存过高、质量不过关、服务水平下降等现象。但是，由于人们的忽视，这类风险可以在企业中不断地累积（包括时间上的累积和范围上的累积），经历一个从量变到质变的过程，一旦爆发就会给供应链企业造成巨大的打击。在各类文献中，对供应链风险及其来源描述比较全面的是 Chopra 和 Sodhi，他们对各种供应链风险进行了总结，把风险的类型归结为中断风险、延误风险、系统风险、预测风险、知识产权风险、采购风险、应收账款风险、库存风险和生产能力风险（见表 4-2）。各种不同的风险有其独立的风险来源，其中大部分都包含在表 4-2 中，还有一些如知识产权风险，其来源包括供应链的垂直整合及外包等。

表 4-2 供应链风险及其来源

风险类型	风险来源
中断风险（disruption risk）	·自然灾害 ·劳动纠纷 ·供应商破产 ·战争与恐怖事件 ·依赖唯一的供应商，同时后备供应商的生产能力和敏捷性差
延误风险（delay risk）	·供应商的生产利用率过高，无缓冲空间 ·供应商敏捷性差 ·产品质量差或供应失败 ·过境或中转时处理环节过多
系统风险（system risk）	·信息基础设施崩溃 ·系统整合或系统网络过于庞杂 ·电子商务
预测风险（forecast risk）	·前置时间长、季节性因素、产品多样性、生命周期短、客户基础薄弱等造成预测不准确 ·促销、激励、供应链缺乏可见性以及产品短缺使需求夸大，导致长鞭效应和信息失真
知识产权风险（intellectual property risk）	·供应链垂直整合 ·全球外包和全球市场
采购风险（purchasing risk）	·汇率波动 ·依赖单一供应源的主要部件以及原材料百分比 ·行业的生产利用率 ·长期合同与短期合同

续　表

风险类型	风险来源
应收账款风险 （receivable risk）	·客户的数量 ·客户的财务实力
库存风险 （inventory rins）	·产品报废率 ·产品库存持有成本 ·产品价值 ·需求与供应的不确定性
生产能力风险 （capacity risk）	·生产力成本 ·生产力弹性

二、供应链风险识别

供应链风险识别（risk identification）是供应链风险管理的首要步骤。风险识别是指对供应链所面临的及潜在的风险加以判断、归类和鉴定其性质的过程。风险的识别过程首先是对供应链上各节点的构成与分布的全面分析与归类；其次是对各节点所面临的和潜在的风险以及发生风险损害的可能性的识别与判断；最后是对风险可能造成的后果与损失状态的归类和分析。必须强调的是，风险识别不仅要识别供应链所面临的风险，更重要也是更困难的是对各种潜在风险的识别。在此基础上，还要鉴定可能发生的风险的性质，即可能发生的风险属于动态风险还是静态风险，是可管理风险还是不可管理风险，等等。只有这样，供应链才能针对不同的风险采取有效的应对措施。

（一）供应链风险识别的程序

Walter 指出，供应链风险识别的主要步骤如下：

（1）定义整体供应链流程；

（2）将整体流程细化为一系列彼此独立又相关的运作活动；

（3）系统地审视每一项运作活动的细节；

（4）识别存在于每一项运作活动中的风险及其特点；

（5）描述最具影响的风险。

识别风险绝非易事，尤其是在第四步中，许多正式的工具被开发利用来识别现实中所发生的风险。其中有些工具具有普遍使用意义，可以用来识别任何一种风险，如历史数据分析法、头脑风暴法、因果分析法、事故树分析法、流程图、可能性冲击矩阵和情景规划等。另外一些工具方法则专门用来识别供应链风险，如供应链图视图法和审计、关键路径法。

以上这些识别风险的工具，有的需要通过分析过往事件，有的需要集思广益，有的则需要直接分析运作活动才能充分发挥作用。

（二）分析过往事件

1. 根本原因分析法——“五个为什么”

当有的风险事件确实已经发生时，识别未来可能风险的最简单方式就是对于过往事件发生的原因不断地提出问题和进一步挖掘，从而确定这种风险在未来发生的可能性。比如以下情形。

提问：发生的风险事件是什么?

回答：接到一位客户的投诉，原因是我们没有提供让他满意的服务。

提问：为什么?

回答：因为我们缺货。

提问：为什么?

回答：因为我们的供应商没有按时送货。

提问：为什么?

回答：因为我们的订单送出去晚了。

提问：为什么?

回答：因为采购部门将所有的订单都延迟递交了。

提问：为什么?

回答：因为招聘的新人没有得到充分的培训。

问到最后，就能很明确地知道问题出在采购部门，尤其是负责招聘和培训的员工。此时，经理可以评估类似事件再次发生的概率，明确这个风险事件是不是具有重要影响的事件。这种方法可以被称为“五个为什么”，或者，给出一个更正式的说法——“根本原因分析”（root cause analysis，RCA）。

根本原因分析的目标是弄清以下内容：

（1）问题（发生了什么）;

（2）原因（为什么发生）;

（3）措施（什么办法能够阻止问题再次发生）。

根本原因分析是一项结构化的问题处理法，用以逐步找出问题的根本原因并加以解决，而不是仅仅关注问题的表征。根本原因分析是一个系统化的问题处理过程，包括确定和分析问题原因，找出问题解决办法，并制定问题预防措施。在组织管理领域内，根本原因分析能够帮助利益相关者发现组织问题的症结，并找出根本性的解决方案。

这种方法的优点在于它分析调查了现实中所发生的风险，并且清晰地显示出问题与原因之间的关联性；局限性在于这种方法认为问题的根本原因比较单一，而实际情形往往要复杂得多。

2. 因果图（cause and effect diagram）

我们可以用因果图表示风险事件与其发生的各级原因之间的联系。因果图还被称为鱼刺图，或是石川图（Ishikawa diagram），是由日本质量控制兼统计专家石川馨教授发明的一种图解法，用以辨识和处置事故或问题的原因（见图 4-2）。石川馨教授在 1943 年首次运用因果图帮助川崎钢铁厂的工程师们理解造成生产问题的各因素之间是如何相互关联的。

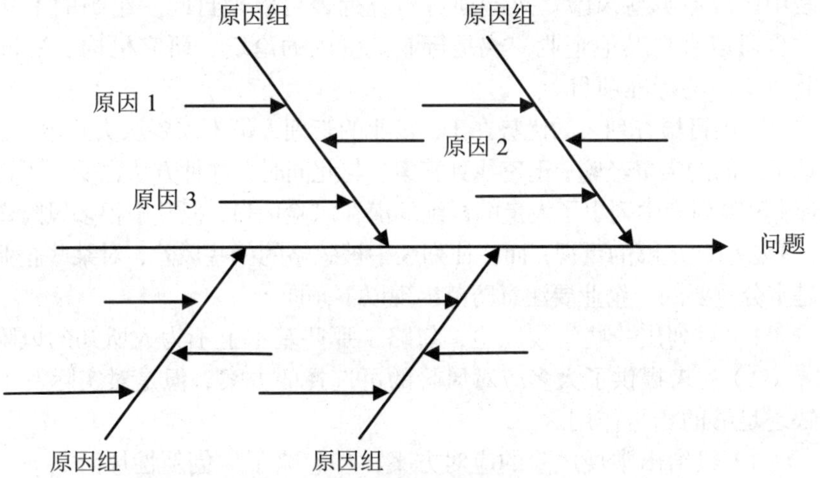

图 4-2 事故或问题的因果图

这种方法的优点在于，通过结构性的工作方法，全盘考虑造成问题的所有可能原因，找出造成问题的根本原因，而不是只看那些显著的表面原因，同时运用有序的、便于阅读的图表格式阐明因果关系。在整个项目过程中，团队成员个人的学习、理解和分析，亦有利于增强组织的流程知识。局限在于对极端复杂、因果关系错综复杂的问题，发挥的效用不大。

3. 帕累托分析法（Pareto analyses）

根据以往发生的风险事件频率图，可以归纳出将来最有可能再次发生的风险事件。帕累托图的绘制基础是 80／20 法则：80%所发生的风险后果是由 20%的主要原因造成的。

帕累托分析法将导致某种风险结果的各种可能原因按照其数量的大小递减排序，横坐标表示原因，纵坐标表示结果数量或累计百分比，分析出主要原因供决策者参考。

根据帕累托规则，20%的原因往往造成 80%的问题，如果条件有限，不能 100%解决问题，只要专注 20%的原因，就能够取得解决 80%的问题的成效。因此在风险识别的过程中，帕累托分析法常被用来找出问题的主要原因，它是一种有效且得到广泛应用的方法。

4. 风险项目检查列表（checklists）

企业在不同的运作活动中会出现各种各样的风险，可以形成一个“列表”。这个列表为企业的管理人员提供了另一个识别风险的思路，就是检查列表中已经有哪些风险。风险项目检查列表可以来自同一组织的不同供应链，也可以来自其他企业，或是行业范围内的论坛、研究机构、咨询机构研究讨论出的标准项目。

风险项目检查列表的优势在于，企业的管理人员不需要从头开始，而是可以基于之前的宝贵经验，迅速找到答案。与此同时，这种方法也受到了许多的批评：风险列表中列出了大量的详细的潜在风险项目，但其中很多风险微不足道，不必引起足够的重视；而往往列表中被忽略的一些风险，对某些企业来说却是十分重要的。企业要注意防范出现以下倾向：

（1）只列出一些常规风险，忽略了那些基本上不为人所知的风险。

（2）列表提供了太多应对风险的可选择的方案，但是对实际发生的风险缺乏足够的指导作用。

（3）只给出常规风险的应对方案，却忽略了“创新性风险”。

（4）集中关注风险在单组织内的影响，忽视了供应链的跨界影响作用。

（三）集思广益

1. 访谈（interviews）

如果对于过往风险事件的分析还是无法为未来风险的发生、防范提供更多的信息，那么管理人员就要开始着手准备收集新的信息。最为直接的方法就是对具有相关知识背景、经验丰富的人员进行访谈。他们对于风险的发生状况最为熟悉和了解，从他们那里收集风险的详细信息，不仅组织起来简单方便，并且迅速。但从另一个角度看，由于个人观点取决于个人的知识积累，因此访谈法的缺点在于还要考虑到他们的个人偏见、技能的缺乏，总体而言，这种方法缺乏预测力。

2. 专家会议（group meetings）

如果个人的观点不具有可信度，那么可以组织专家小组，让他们研究讨论企业的各项运作活动，最终形成一份重要风险的列表。这种专家会议小组讨论的形式多种多样，可以是严谨正式的，也可以是非正式和非结构化的。

正式的专家会议小组讨论，首先是个人陈述，接下来围绕陈述的要点展开讨论，并最终得出结论。这种正式的讨论形式并不适合那些在会议中不善言辞以及在正式的组织中容易感到局促紧张的人。同时，正式小组的讨论结果往往趋向于保守且无创意。Bowman 和 Ash 的研究发现，相比个人访谈，小组讨论所得到的结果往往更冒进、更具风险性，其原因在于：一方面，集体的形式容易导致责任分散；另一方面，在小组讨论中，相比性格温和或沉默寡言的成员，个性过于坦率、更有影响力的成员的观点更为极端。

避免正式讨论所带来的负面作用的方法就是减少正式的程序，比如可以展开更为宽松、接受度更高的头脑风暴的形式。头脑风暴通过会议形式，采用自由畅谈、禁止批评的规则，鼓励所有参加者在自由愉快、畅所欲言的气氛中，通过相互之间的信息交流毫无顾忌地提出自己的各种想法。没有了规则的拘束，参加者没有心理压力，有利于在短时间内得到更多创造性的成果。头脑风暴的安排要注意：确定参加会议人员时一般以 8 ~ 12 位专家为宜，集中讨论供应链风险。参与人数太少不利于交流信息，而人数太多则不容易掌握局面，并且每个人发言的机会相对减少。

在开会前要做好准备工作，将会议的时间、地点、所要解决的问题、可供参考的资料和设想、需要达到的目标等事宜一并提前通知参加者，让大家做好充分的准备，了解议题的背景和外界动态。整个会议要有严格的时间规划，最好是 2 ~ 3 小时。

3. 德尔菲法（Delphi method）

任何一个专家会议都难免遇到权威人士发表的意见影响他人，而有些专家碍于情面，不愿意发表与其他人不同的意见，或者发言时间过长导致偏题。要解决这样的问题，可以通过问卷调查的方法来收集信息。

组织 15 名（一般不要超过 20 人）供应链方面的专家成立专家小组。向所有专家发出问卷，收集他们对于供应链风险的看法。将各位专家第一次的问卷意见汇总、分析整理，再分发给各位专家，让专家比较自己同他人的不同意见，修改自己的意见和判断。所有的回复均采用匿名或背靠背的方式，使得每一位专家都能独立自主地做出自己的判断。将所有专家的修改意见收集起来、汇总，再次分发给各位专家，以便做第二次修改。逐轮收集意见并向专家反馈信息是德尔菲法的主要环节。收集意见和信息反馈一般要经过三四轮。在向专家进行反馈的时候，只给出各种意见，并不说明发表各种意见的专家的姓名。这一过程重复进行，直到每一个专家不再改变自己的意见或者专家的意见逐渐趋同。

（四）分析运作活动

1. 流程分析图（process charts）

流程分析图法是指企业风险管理部门将整条供应链的生产过程的所有环节系统化、顺序化，制成流程图，从而便于发现企业面临的风险。这种方法强调根据不同的流程对每一阶段和环节逐个进行调查分析，找出风险存在的原因，从中发现潜在风险的威胁，分析风险发生后可能造成的损失及其对全部生产过程造成的影响。Jüttner 做过的一项研究调查发现，供应链图视图法和头脑风暴法这两种方法是企业使用最为广泛的识别风险的方法，其中有 60%的企业一直或经常使用这两种方法。

2. 流程控制（process control）

在生产过程中，原料、交通、天气、设备、员工、情绪、时间、压力等一系列细节的波动是不可避免的。这些波动有的是微小的，但它们始终存在，这就是为什么交货提前期总会有变动。有观点认为，来自供应链计划的变动会产生风险，因此，要识别主要的风险，就要监督运作活动，找到最容易出现波动的运作领域。监督波动最简单的方式就是制作流程控制图（见图 4-3），控制图画在平面直角坐标系中，纵坐标表示观测到的目标特征值，图中中心线表示计划目标值，上下两条水平线表示目标值的上限与下限。如果数值一直在上下限内，说明流程活动在控制范围内，风险很小，当数值出现明显的趋势变化或频频出界时，表明波动异常，风险已经开始上升。

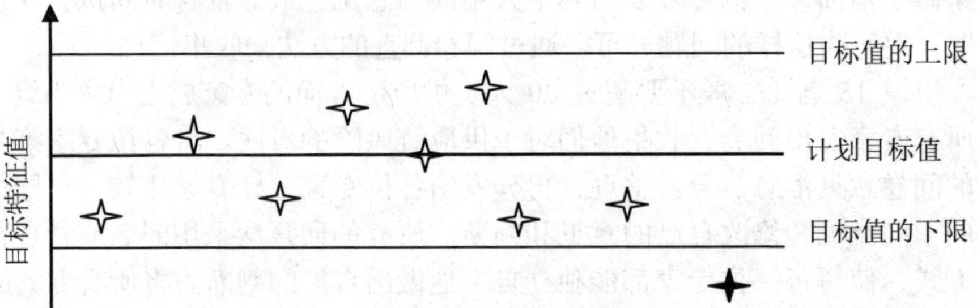

图 4-3　流程控制图

（五）供应链风险识别应注意的问题

1．风险识别

风险识别作为一项科学的管理活动，本身要有组织性和制度性，特别是对供应链这种特殊的企业群而言，风险识别的制度性更为重要。但是很多企业对风险的认识还处于非常初级的阶段。比如，企业的管理人员已经意识到了某类风险，但是他们认为向高级管理人员汇报风险情况就等于承认他们自身能力不足，如果他们并不是特别熟悉企业的各项运作活动，足以帮助消除风险，或者面对这样的风险，他们自身并没有掌握足够的相关知识和技能，也就意味着他们无法解决问题。那么，这些管理人员会隐藏即将发生的风险，假装它们并不存在。另外一个忽视风险的动机在于，最先发现风险的人，通常会被赋予解决这一问题的责任（即使并不是他们的职责所在），他们没有足够的知识和技能来处理，风险远远超出其控制范围。因此，在风险识别时一定要强制地规范，要求每一个节点企业按要求运作，配合风险管理主体定期进行风险识别的工作。

2．系统性

上面类似的情况同样会出现在组织层面。供应链上的每一个节点企业都希望其他的成员尽可能地降低它们的风险，这使得每个企业都不愿意承认自身存在风险，因为它们如果承认自身的风险，很有可能会因此失去很多商机，获利的可能是那些没有那么开诚布公的竞争对手。

供应链风险识别不能局限于某一个企业、某一个环节或某一个方面，而要识别整个供应链系统的全部风险，包括识别供应商、供应商的供应商、制造商、用户、用户的用户所有的风险，还包括识别原材料和零部件的采购供应环节、制造环节、分销环节以及整个运作过程中的物流运输环节的所有风险。总之，要从系统全局全方位地识别和分析整个供应链的风险。

三、供应链风险分析

上述介绍了识别供应链风险的各种方法。接下来分析这些风险可能造成的影响，根据这些影响的程度大小，企业管理人员要按照轻重缓急来处理这些风险。

风险分析（risk analysis）有两种方法。第一种是定性的分析方法，即对下列风险列表里的每一项风险，都给出详细的描述：

（1）风险的性质——定性地描述风险；

（2）后果——定性地描述潜在的损失或获利；

（3）可能性——主观确定风险是否会真实发生；

（4）范围——风险影响的对象，比如供应商、交付、成本、服务等；

（5）责任——风险所在的职能部门以及承担控制风险的责任方；

（6）利益相关者——受风险影响的人员以及他们的预期；

（7）目标——通过风险管理希望达到的目标；

（8）相关——与其他风险的关联性；

（9）运作活动的改变——缓和风险带来的影响；

（10）企业现有风险管理方法以及成功的程度；

（11）提高风险管理的建议和新政策。

这些细节可以更细致地描述风险的性质，有助于更好地理解风险的影响与其所造成的后果，为之后的讨论打下良好的基础，但是只从定义上出发，这些描述很难给出任何数量值。

在风险列表上给出一些数量值，这就需要利用风险分析的第二种方法——定量分析。定量分析方法对于风险发生的严重性及后果可以给出较为精准和客观的评价。

风险分析中有很多种不同类型的定量分析方法，这些方法都基于以下两种因素：风险事件发生的可能性，以及风险事件确实发生后所造成的结果。通过这两种因素，可以计算期望值来评估风险：

事件期望值＝概率（probability）×结果（consequence）

如果交货有 10%的概率延迟，延迟损失是 20 000 欧元，那么延迟的期望值为 2 000（＝10%×20 000）。

我们所谈到的期望值，强调的是风险多次发生的平均结果，而不是风险每次发生的结果。在上述例子中，交货有 90%的概率不会延迟，因此就不会造成损失，但还是有很小的可能性造成 20 000 欧元的递延损失成本，而不是 2 000 欧元。这说明对很多风险而言，除非相关的风险事件确实发生，否则风险并不会产生影响。仓库确实有发生火灾的风险，但如果不着火，是没有真实风险的。

除了发生概率和发生结果这两个核心因素之外，也有研究者提出考虑增加其他的因素。最具代表性的第三个考虑因素是风险管理的不完美性，其数值可能是企业管理人员发现风险并在风险事件发生之前就采取补救措施的概率，或者是正确识别风险的概率、风险发生的概率、有能力应对风险的概率、改变风险后果的概率、增加其他风险的概率等。但是如果这样，模型会变得更加复杂，同时并不能有效地优化结果。

第三节　供应链风险的管理策略与措施

在识别和分析供应链风险之后，关键问题是如何做出响应，也就是如何选择与应用最合适的管理措施来应对识别和分析出的供应链风险。供应链中存在无数的风险，同样我们也可以有很多的方法来响应这些风险。响应的策略取决于风险的影响力。对于轻微类风险，因为它发生的概率低，造成的影响小，所以一般管理者可以忽略它。对于中度重要类风险，管理者一般可以通过对正常运作流程的调整来响应，比如持有更多的库存、设置缓冲能力等。对于重大风险，管理者需要更严肃地对待，应对措施的选择和设计都要非常慎重。需要强调的是，不同的风险应该用不同的管理策略和方法，而不能用统一的方法来响应和应对所有风险事件。因此，供应链风险管理的主要任务是建立起管理体系，用最合适的策略和方法去处理各种供应链风险，通过对供应链风险的管理，应能够保证供应链持续的正常运作，或者使得供应链中断的风险降到最低。它体现了企业对待风险的态度，以及有效处理各种供应链风险的策略。

一、供应链企业对风险的态度

不同的企业对风险的态度是不一样的，了解供应链企业对风险的态度，有助于制定恰当的风险管理措施。人们通过对众多企业的实例研究，并根据理论进一步归纳，最后提出了较为常用的三类对风险的态度：风险爱好、风险厌恶和风险中性。

（1）风险爱好。对这种供应链企业来说，它不顾可能发生的危险，仍然实施某项行为或进行某项决策活动。其效用函数是凸形的，期望效用必然小于概率事件的期望效用。风险爱好型企业获取随机收益比获取确定收益所承担的风险要大，而机会更小。

（2）风险厌恶，也叫风险规避。这种企业较保守，会回避可能发生的风险。其效用函数是凹形的，期望效用必然大于概率事件的期望效用。风险厌恶型企业宁愿获取确定收益，不愿获取随机收益或不确定收益，即尽可能地回避风险。

（3）风险中性。这种企业既不冒险也不保守，介于风险爱好与风险厌恶企业之间。

对风险的三种态度的效用函数见图 4-4。

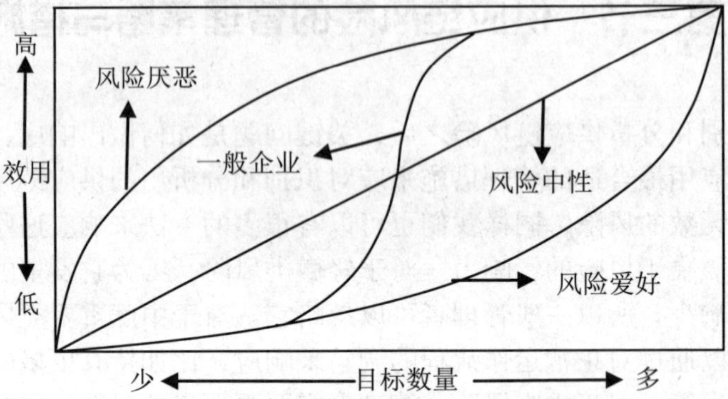

图 4-4　对风险的不同态度的效用函数

二、建立供应链风险管理机制的策略

人们通过大量的研究，通常将供应链企业面对的风险因素分为两类：未知的不确定性因素和可知的（可观测到的）不确定性因素。针对两种不同特性的风险事件，也有两种不同的风险管理机制（见图 4-5）。

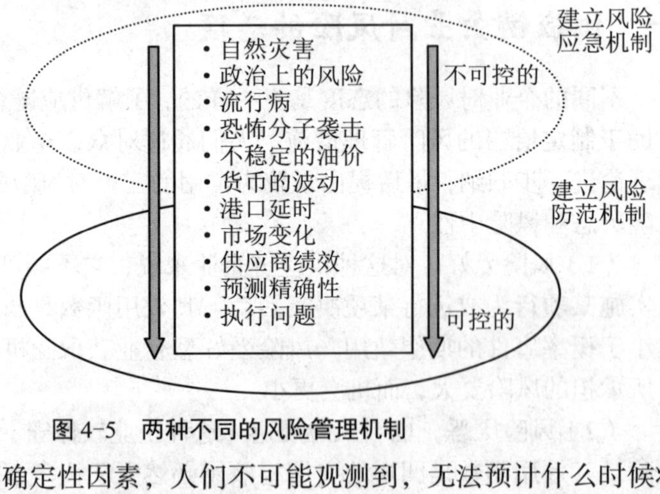

图 4-5　两种不同的风险管理机制

对于未知的不确定性因素，人们不可能观测到，无法预计什么时候将发生风险。针对这类风险事件，企业应建立起有效的供应链风险应急机制，也就是说，在风险爆发之后，企业能够做出快速响应，不至于因为没有应急机制而手足无措，错失风险处理良机。

对于可观测到的某些不确定性因素，可以建立风险防范机制，将可能发生的危机消除在萌芽状态。实际上最好的风险管理是不要让风险真的爆发，因为一旦形成风险，再有效的处理也无法避免损失，只是尽量减少损失而已。如果能够防范风险发生，则可以大大地减少不必要的损失。

三、构建供应链风险管理体系

根据企业对风险的不同态度，可以总结出企业进行供应链风险管理的一些基本措施，不同的企业可能会采取不同的措施，但是，不管采取何种措施，都无一例外地应该建立起一套有效的风险管理体系和运行机制，从组织上保证对风险管理的必要性。

（一）建立正式的风险管理组织机构

与供应链企业内其他管理职能部门一样，真正了解和重视供应链风险管理的组织，首先要做的就是在组织内建立一个专门负责风险管理的部门。有的企业建有风险管理小组这类临时性机构，虽然对风险管理有一定作用，但是缺乏长效机制。而最有效的风险管理机制，是在企业内建立一个专司供应链风险分析和管理的部门。

（二）确定供应链风险管理部门的职能

1. 制订风险应急计划，系统进行风险分析

供应链风险管理部门要对企业及供应链系统所处的内外部环境进行风险因素分析，要详细掌握各种风险因素的动态，然后定期或不定期地进行企业运营风险分析，并将分析报告及时提交给最高决策者。

2. 做好应对风险爆发后的“被害预测”

如前所述，有些风险事件是无法预测的，其爆发时无任何征兆。对这类风险引发的重大风险，供应链风险管理部门要事先制订预案，然后进行风险分级管理。一旦真的发生重大风险，要迅速做出“被害预测”，根据每一项风险的解决方案，明确责任人与任务完成时间。

3. 处理风险事件的模拟训练

根据“被害预测”，做出对应的预案和实施措施，另外还要不定期举行不同范围的风险爆发处理的模拟训练。不仅要对高层管理者进行应对风险的训

练，更要对全体员工进行应对各种风险事件爆发后的训练。平时的训练非常重要，一是可以让企业员工都建立起风险防范意识，二是让他们知道一旦发生风险该如何市对。否则，风险爆发后将会给企业和个人造成巨大损失。

四、制定风险防范措施

针对供应链企业合作过程中存在的各种风险及其特征，应该采取不同的防范对策，制定出不同的风险防范措施。对风险的防范，可以从战略层和战术层分别考虑，主要措施包括以下几种。

（1）建立战略合作伙伴关系。要实现预期的战略目标，客观上要求供应链企业进行合作，形成共享利润、共担风险的双赢局面。因此，与供应链中的其他成员企业建立紧密的合作伙伴关系，成为供应链成功运作、防范风险的一个非常重要的先决条件。这不仅包括制造商与制造商之间的横向合作，也包括供应商与制造商之间的纵向合作，这两种合作都对降低供应链的脆弱性和减少风险起着举足轻重的作用。建立长期的战略合作伙伴关系，首先要求供应链的成员加强信任。其次，应该加强成员间信息的交流与共享。最后，应建立正式的合作机制，在供应链成员间实现利益分享和风险分担。

（2）加强信息交流与共享，优化决策过程。供应链企业之间应该通过相互的信息交流和沟通来消除信息扭曲，从而降低风险。

（3）加强对供应链企业的激励。对供应链企业之间出现的道德风险的防范，主要通过尽可能消除信息不对称性，减少出现败德行为的土壤进行。同时，要积极采用一定的激励手段和机制，使合作伙伴能获取的利益比采取败德行为能获得的利益更大，以消除道德风险。

（4）柔性设计。供应链合作中存在需求和供应方面的不确定性，这是客观存在的规律。供应链企业在合作过程中要通过在合同设计中互相提供柔性，部分消除外界环境不确定性的影响，传递供给和需求信息。柔性设计是消除由外界环境不确定性引起的变动因素的一种重要手段。

（5）风险的日常管理。竞争中的企业时刻面临着风险，因此对于风险的管理必须持之以恒，建立有效的风险防范体系。要建立一整套预警评价指标体系，当其中有一项以上的指标偏离正常水平并超过某一临界值时，该体系发出预警信号。其中，临界值的确定是个难点。临界值偏离正常值太大，会使预警系统在许多风险来临之前才发出预警信号；而临界值偏离正常值太小则会使预警系统发出太多的错误信号。企业必须根据各种指标的具体分布情况，选择能使该指标错误信号比例最小的临界值。

（6）建立应急处理机制。当预警系统发出警告后，应急系统及时对紧急、突发的事件进行应急处理，以避免给供应链企业带来严重后果。针对合作中可能发生的各种意外情况的应急工作是一项复杂的系统工程，必须从多方面、多层次考虑这个问题。通过应急系统，可以化解供应链合作中出现的各种意外情况以及出现的风险，减少由此带来的实际损失。

（7）资源配置到位。当对策制定好在风险爆发付诸实施时，公司内部资源的安排一定要保障硬件与软件的配合。

（8）确保对话渠道畅通。确保企业内外部对话渠道畅通，与外部世界建立良好的互动、协作关系，改善企业外部的生存环境。如果缺乏内外部的沟通，风险可能会放大百倍以上。供应链风险防范除了要做好上述几项工作外，在日常的供应链运作过程中，还必须将对合作伙伴的风险防范和激励机制纳入体系化管理，这样才能在出现风险苗头时及时采取措施，将可能的风险损失消除在萌芽状态之中。合作过程中的风险防范与激励机制理论模型见图 4-6。

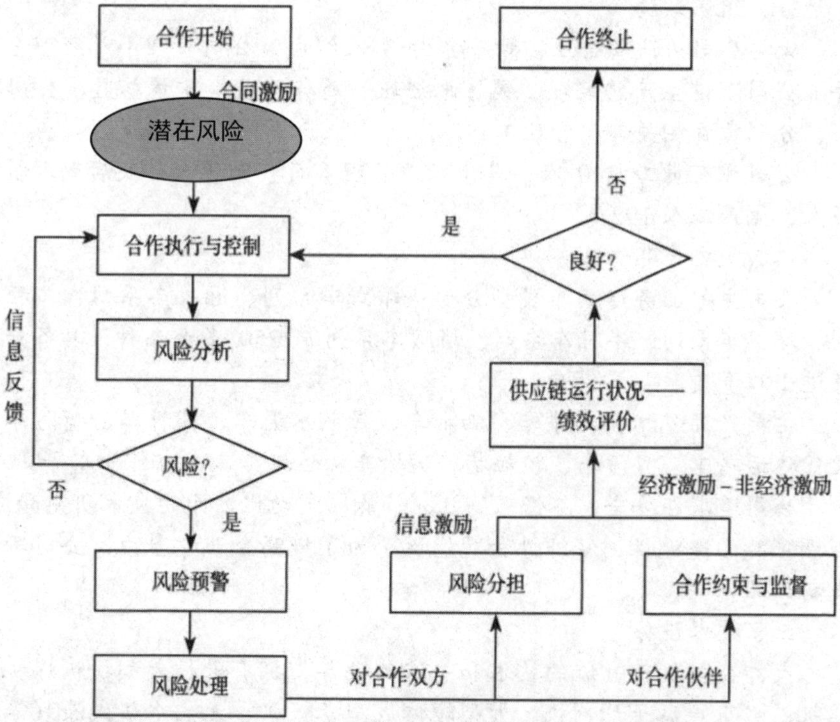

图 4-6 风险防范与激励机制理论模型

【案例分析】

大洋专用汽车制造有限公司

史密斯先生是印度环保公司的采购经理，该公司最近准备从中国市场购买12辆洒水车，史密斯先生的商业合作伙伴向他推荐了位于中国中部的大洋专用汽车制造有限公司。过去几天，史密斯先生带领的采购小组对大洋专用汽车制造有限公司进行了详细的调研。紧张的调研工作终于结束了，面对小组收集整理的资料，史密斯先生陷入了深深的思考之中。

大洋专用汽车制造有限公司简介

大洋专用汽车制造有限公司（以下简称“大洋公司”）是中国政府认可的汽车改装企业之一，是一家后来居上的新兴民营企业。该公司下设汽车销售公司、生产管理中心和30多个国内分支机构，是集研发、制造、销售、服务为一体的专用车制造企业，年生产能力超过5 000辆车，2008年该公司的收入和净利润达到企业的高峰。

一、组织结构

大洋公司为民营企业，董事会由3人组成，公司管理由总经理全面领导。公司下设生产总经理、销售总经理、财务总监、质量总监、公司办主任，分别负责相关部门管理工作。

公司现有员工320人，其中行政管理人员、销售人员及后勤人员120多人，生产工人192人。

二、主要产品／业务

公司主导业务专用车类型分为：罐式车系列、厢式车系列、工程车系列、环卫车系列、半挂车系列、消防车系列等250多个品种，具备产品自营进出口资质。

主要产品包括：油罐车、洒水车、散装水泥车、搅拌车、消防车、液化气体运输车、吸污车、粉粒物料运输车、垃圾车、高空作业车等。

公司追求在安全、环保、高效、节能、自动化方面的技术研究和应用，强调产品的美观性、经济性和功能性。为了提高企业竞争力，公司不断开发新产品。

三、技术设备

大洋公司拥有一流的技术和一流的设备，拥有数控大型拼板焊机、锻压机、水下等离子切割机、大型罐体成型卷板机、无尘水旋式涂装等国内尖端和水平先进的专用车制造设备。大洋公司凭借在行业中雄厚的积累，以及技术、品质和服务优势，其产品在国内同类产品中确立了领先地位。目前大洋公司正进行设备更新工程，引进先进的焊机，力求设备在全国范围内达到领先水平。

四、重点业务现状分析

大洋公司各部门运作完全由客户订单驱动，是典型的MTO生产模式。公司销售部不断开拓客户类型，现有客户包括政府部门等大客户以及由分销商承揽的分散小客户。

1. 总体业务流程

一般产品的流程如下。

销售部接到客户订单后，与生产部门协商，确定交货时间并与客户签订销售合同。销售部将销售合同转化为生产计划单，编制贯穿整个流程的生产单号，生产计划单一式六份分别送采购部、制造部、技术部、品管部、存根和生产总经理。

技术部根据生产计划单编制生产图纸，并制定物料清单。

采购部依据生产计划单和物料清单制订采购计划。

物料清单交仓库完成领料业务后返回采购部做财务统计。

制造部依据生产计划单制订生产计划，生成生产通知单，并将生产图纸和物料清单交各生产车间。

制造部核算员根据物料清单开具领料单。

生产车间经过下料、焊接、制罐、油漆、装配、面漆、装配检验（品管部）等过程，将成品交成品库。生产车间根据领料单到仓库领取零部件等物料。

销售部在办理合格证、说明书、标牌、3C等后，将产品交付客户。

2. 采购

采购部负责零部件、金属材料、辅助材料的采购工作，负责部分办公用品采购，以及外委外协零件和产品的管理工作。由于大部分常规零部件都可以从本地快速获得（1～2小时），一般不超过1天，因此没有严格的采购计划。特殊物资采购，例如空压机，最长的采购周期需要1周；资金占用量较大的，如对钢板、油漆等物料根据安全库存进行集中采购。

供应商由品管部、技术部、采购部根据价格、质量、服务、物流、交货时间联合确定，采购部提供供应商名单，提交给技术部评定，技术部出具评估报告。每年评审一次，未采用招投标管理。

采购不是依据每笔客户订单的需求确定的，而是根据各仓库的临时缺料情况或根据安全库存来申请采购，而且采购的数量和所需要的时间没有明确的规定，这样形成大量的库存积压，有时又因为缺料而满足不了生产需要。外购、加工组装存在不同步的问题，延长了生产周期。

领料单由车间根据图纸填制，车间主任审核，这样领料随意性大，没有根据生产订单领料，成本无法控制，同时仓库备料也没有依据。采购管理流程和岗位职责较为混乱，存在多个部门采购物资问题。采购管理人员素质较低，人员流动性较大。

3. 库存

仓库由采购部管理。仓库管理不规范，取料流程不严格。由于工人可用小单领料，因此经常出现多领的情况；当车间加班，而仓库未通知加班时，车间工人会直接取料，不进行任何登记。未使用的零部件到处乱放，造成严重浪费。没有仓库存放钢板，在准备区堆放，工人根据需要下料，无人进行管理。无完善的仓库设施，仓库面积小，安全性差。仓库与生产车间没有明显的界线，造成工人随意进出，领取物料管理混乱。货架无分类，所有零部件使用相同的货架。分车型存放零配件。对物料没有定期检查，对库存没有定期盘点。

4. 生产

目前生产业务存在以下矛盾。

（1）生产与销售的矛盾。销售部经常在未与生产部门商量的情况下直接接受顾客交货期短的订单；销售订单经常变更；增加零部件、改动订单时常发生；销售部改单，导致生产成本上升；销售部将压力转给生产部门，出现问题不承担责任。

（2）生产与采购的矛盾。底盘无法按期到达。无底盘时生产停工，有底盘时晚上加班，导致费用提高。底盘不能维持较高库存，因为每个客户的需求都不同，若维持底盘库存，成本太高，占用资金。采购底盘需要与供应商保持信息共享，但底盘生产周期长，难以实现 JIT 供货。

（3）生产与技术的矛盾。出图时间不及时，耽误交货期。有图纸反而比没图纸效率低，没图纸时质量和交货期还要好一些；图纸有错误，生产不协调。工人明知图纸有误，但不愿指出；图纸不全，生产过程中才发现需要某种原料，再采购耽误交货期；图纸不一致，相同的产品，不同的设计师设计的格式不一样，导致生产不便；技术部无法估计客户需要的零部件规格，等到生产的时候才意识到。

（4）生产与生产调度的矛盾。调度太粗略，作业时间按天而非小时；

工序快慢不一致，有些工序忙，有些闲；订单排序随机，或者按 EDD 规则排序。

（5）生产管理层变动较大；车间布置不合理，导致工艺流程浪费时间；设备陈旧，效率不高；缺乏手段考核工人绩效。

（6）员工薪酬实行计件工资，在当地同行业中工资较低，员工懈怠，出工不出力。同时有能力的员工流失严重，造成产品质量下降，工作效率降低。

（7）车间主任的权力过大，经常架空生产经理，不同班组接到生产计划后按照自己的想法分配工作，使得工人的岗位职责不明确，无法划分责任到人。

（8）近期质量下滑严重，导致损失。原因有三：工人责任心不强，技术不高，质量不能保证；设备陈旧，也难以控制质量；品管部虽设专人监督产品生产过程，但涉及处罚生产工人，执行难度较大。

5. 销售

销售部设销售总经理全面负责工作。现有的整个公司运作均靠销售部拉动，签订合同、接订单、下给生产部门（如果是常规订单，直接下订单；如果有特殊要求，需组织评审）。

交货期根据客户的要求、生产状况调整。一般交货期为水泥车 15 天、油车 7 天、消防车 22 天、洒水车 7 天。销售部下达给生产部门的交货期比实际交货期稍提前，如客户的交货期是 15 天，则生产部门的交货期为 13 天。海外客户主要集中在东南亚，企业刚刚开始有出口业务，对进出口贸易、报关流程等处于学习过程，经常因为一些文件问题导致发货推迟。另外，第三方物流公司不能很好地和公司协调，经常出现车生产出来了但无法发送到出口港的问题。

付款方式、付款地点分为两种方式：一是客户到厂里来提货，款付清，则提货；二是送货上门。物流部车队独立核算，同时对外经营物流业务。

经调研发现销售过程存在以下问题。

（1）交货期长，流失了很多客户。30%的订单不能按时交货。大订单造成零散订单延期。产品质量问题多，质量不稳定，产品质量急剧滑坡。品管部在质量控制中没有尽职尽责。生产过程中质量问题多。

（2）3%～5%的改单率。产品设计有问题，没有为客户考虑，因此客户改单率高。改单给生产和技术部门带来了负担。

（3）客户满意度非常低。其原因为各部门之间协调性差，沟通脱节，各部门从自身利益出发，各自为营；销售部追求市场，盲目接单，生产部无法提高出车准时率，技术部在企业不受重视而闭门造车，产品无创新；采购部因为底盘供应商的选择缺乏弹性而影响产品交货期；没有工艺部门，生产车间现场制作效率低、质量低下；品管部监督无力等。

6. 技术

技术部负责图纸和物料清单制作。技术部人员时间浪费多：花很多时间答复销售人员、客户，参与订单洽谈，占工作时间的 40%，兼做工艺和现场指导。一般出图时间为 1 小时，新产品出图时间大于 2.5 小时。公司没有单独的产品开发部，对新产品设计开发也没有投入。新产品如半挂车的设计需要 10 天，技术部按照工序步骤出图，时间上可以与生产部衔接。一般情况下不会产品整套出图后再发放，这样做的缺点是不利于车间排程，总装图的尺寸也会使前面的设计产生变更，除非是新产品试制。

很多产品出不了装配图，只能出一些大的简单的尺寸。每台车每张装配图都不一样，主要原因是人手不够与人员水平有限。其他的只在物料清单上反映与现场指导，对于批量生产的车，为了保证一致性会有装配图。

7. 品管

品管部负责零部件质量检测、生产过程质量控制、产成品质量检测以及合格证发放工作。产品质量问题多，质量不稳定，并且急剧滑坡。品管部在质量检验中没有尽责，对生产过程中的检验也没有严格控制，有问题的产品也能得到合格证。

五、信息化建设现状

大洋公司已建成内部局域网，企业内部网主干带宽 100M，采用企业内部专线，覆盖范围包括开发、设计、产、供、销等部门。已建成企业对外网站，可以实现发布企业新闻、产品信息、收集客户信息和接收订单等功能。企业已接入互联网，采用数据专线方式。目前有 20 台计算机接入网络，占总计算机数的 67%。企业信息技术专业人员 3 人，占企业总人数的 1%，技术力量薄弱。

大洋公司拥有一套财务软件、人力资源管理信息系统及 CAD 系统。企业已认识到信息化建设的重要性，但是存在 IT 人才力量薄弱、软硬件缺乏、信息化建设力度不够等问题。企业信息化“整体规划、分步实施”的主要难点在于流程、组织变化太快，缺乏规范的基础信息。企业希望通过企业诊断、信息化战略设计、投资项目评估等专业咨询，逐步实现业务流程重构，实施 ERP 和电子商务。

面对大洋公司的现状，史密斯先生有些束手无策。一方面，因为公司急需一批洒水车提高公司服务质量，公司总经理要求他尽快做出供应商的选择；另一方面，虽然大洋公司迫切地想与印度环保公司合作，并且提出了非常优惠的价格，但他对大洋公司存在的隐患还是有所担心。

第五章　供应链库存管理绩效

第一节　供应链库存管理概述

一、库存与库存管理的概念

所谓库存（inventory），简单来说就是库存物资。凡是处在储存状态的物资，都可以称作库存物资，简称库存。这里所谓的储存状态，有比较广泛的含义。它包括处在仓库中的物资，无论是长期的储存，还是临时性的储存。在供应链实际工作中，通常将仓库中处于暂时停滞状态的物品称为库存，也可将此称为狭义的库存。而广义的库存，其涵盖的范围比较广，还包括了处在制造加工状态和运输状态的物品。

库存管理就是对库存物资的管理。主要包括库存业务管理、库存物资品种数量的管理、库存成本管理和库存量的控制管理。库存管理的核心问题就是库存控制。

库存管理的宗旨或目标主要是在保障供应的前提下尽可能降低成本。拥有足够的库存是为了满足用户对产品的需求，不至于因库存短缺而停产或丧失销售机会，同时尽可能在规模生产、运输和购买折扣中获得成本的节省。但持有存货是需要付出成本的，如资金占用、库存物资保管、库存损失和库存风险等。因此，库存管理就是要通过科学而巧妙的运作，做到既保障供应，又要降低成本。

二、库存的分类

（一）循环库存

循环库存是指由于销售或生产过程中的库存补充而产生的库存。循环库存是为了满足确定情况下的需求，它的目的是衔接供需，缓冲供需时间上的矛盾，保障供需双方的经营活动都能顺利进行。这种库存的补充是按照一定的数量界限或时间间隔反复地进行。

（二）安全库存

安全库存是指由于需求或供应的不确定性而在循环库存之外额外保有的库存。统计结果表明，这种缓冲库存差不多占零售总量的3%，虽然其所占比例并不是很大，但对调节市场供需、稳定产品供应具有重要的意义。

（三）加工库存和在途库存

加工库存是指流通加工或等待加工而处于暂时储存状态的商品。在途库存，我们可以将这种库存称为中转库存，具体是指尚未到达目的地、正处于运输状态或等待状态而储存在运输工具中的物品。物品在加工及运输途中形成库存的原因主要是由于加工和运输需要一定的时间，在这段时间内物品并不能发挥其固有的功能，不能为工厂或客户提供服务或产生效益。

（四）季节性库存

季节性库存是为了满足一个销售高峰季节中出现的需求大幅度增加而建立的库存，或是对季节性生产的商品在出产的季节大量收藏储备所建立的库存。季节性库存可以有效地缓解商品需求旺盛期的供应压力，最大限度地帮助企业从市场中获取利益，比如雨伞、羽绒服等季节性比较明显的产品。

（五）促销库存

促销库存是为了配合企业开展的各种促销活动所产生的预期销售增加而建市的库存。促销库存大多都是临时性的库存产品，其数量比较少，价值也相对较小，是企业为了刺激消费者购买企业产品、促进产品销售而专门准备，具有一定意义上的专用性。

（六）时间效用库存

时间效用库存是指对于价格易于波动的商品，可以通过在低价时候大量购进而实现节约成本，或对于预计要涨价的物品，在市场价格较低时购进以降低该物品的物料成本而建立的库存。

（七）积压库存

积压库存又称沉淀库存，是指由于商品质量变质或发生损坏，或是因没有市场需求而滞销的库存，以及超额储存而产生的库存。对于积压库存，企业应该根据实际的市场状况和销售环境对其进行合理的处理，损坏或变质的库存品应该及时清理，积压或滞销的产品应采取降价或促销等手段及时处理。

三、库存的功能

在现实社会生活中，商品的流通并不是始终处于运动状态的，作为储存的表现形式的库存是商品流通的暂时停滞，是商品运输的必要条件，没有商品储存就不会有商品流通，库存在商品流通过程中的功能主要表现在以下几方面。

（一）调节供需

库存可以有效地调节产品供求差异，保证生产、生活和经营活动的正常进行。一般来说，市场对物品的需求，在生产、生活和经营活动中并不稳定，它与产品供应在时间和数量上往往不是同步的。比如有些产品的生产时间相对集中，而消费则是均衡发生的；有些产品生产是均衡的，而消费却是不均衡的。这就说明，生产与消费之间，供给与需求两方面，往往在一定程度上存在着时间上的差异。为了维护正常的生产和生活秩序，尽可能地消除供求之间、生产与消费之间在时间上的不协调，就必须保持一定的库存水平来平衡供求关系、生产与消费关系，缓冲供需之间的矛盾，以保证企业生产、经营活动的正常进行。

（二）稳定经营

稳定生产经营规模，获取规模经济效益。虽然维持一定库存占用了大量的资金和库存维持费用，但是从经济核算角度来看，企业只有按照适当的数量、既定的规模组织产品生产和货物供应，才能够达到规模经济效益，获取良好的经济效益。一方面，在采购过程中，批量采购可以分摊降低订货费用；另一方面，在生产过程中，采取批量生产加工的方式，可以分摊降低生产成本。

（三）缓冲风险

库存可以缩短订货提前期，加快市场反应速度。在企业生产经营过程中，由于一些主客观方面的原因（如企业生产经营预测、物流计划不准确，生产事故的发生、运输故障出现等），造成物流环节堵塞，难以按时完成交货任务的情况并不罕见。如果企业没有一定的缓冲库存作为企业物流运输的保障，那么企业可以从仓库新划拨一批产品来满足客户的需求，已经出库的产品可以就近销售，这样做可以最大限度的减少企业经营的风险，维持良好的客户关系。

（四）降低成本

库存可以有效地降低物流成本，这个功能对于生产企业而言具有重要的意义。通过合理调节库存，企业可以保持合理的产品生产速率，以消除或避免因上游供应商原材料供应不及时而需要进行紧急订货所增加的物流成本，也可以消除或避免下游销售商由于销售波动进行临时订货而增加的物流成本。

四、库存的作用

（一）合理的库存是实现“第三利润源”的主要途径之一

采购物资时可以通过大量采购获得价格折扣，大批量采购导致大批量装运，大批量装运可以实现整批货物运输，而整批货物运输的运费率要比零担货运的运费率低许多，这样就可以降低运输成本。在生产中保持一定量的库存，在接到紧急订单不会导致紧急采购而付出加重成本的代价，同时也可以节约加班赶工费。一些企业面临原材料供应不稳定的情况，那么企业没有一定的库存会导致生产不能稳定，从而导致缺货。另外，企业保持了一定的库存可以视市场状况见机销售获得利润。

（二）提高服务水平

随着市场竞争的日益加剧，企业只有提高服务水平才能保持和提高市场竞争力。及时交货成了衡量企业服务水平的重要标准。面对这种情况，企业采取将成品库存靠近客户的策略以利于及时交货，防止缺货的发生。

（三）提高风险应对能力

科学控制并把握库存能够将企业的风险控制在最小状态。合理的库存能够保证企业市场在发生变动时，企业第一时间对存货进行处理，减小企业的损失。

第二节 供应链库存管理方法

一、快速响应

快速响应（quick response，QR）是指供应链中的企业面对多品种、小批量的买方市场，不是储备了“产品”，而是准备了各种“要素”，在用户提出要求时，能以最快速度抽取“要素”，及时“组装”，提供所需要的产品或服务。快速响应方法最早出现在美国纺织服装业，QR 对零售商和供应商的要求是，两者必须一起工作，通过共享信息来进行产品未来的需求预测，并且要求供应商和零售商在合作的过程中不断寻求新的发展机会，以达到对客户需求的最快反应。实行 QR 的目的是减少从原材料到销售阶段期间供应链上的库存，从而降低供应链库存成本，切实提高供应链管理的效率。

信息技术的发展为物流效率的提高创造了条件，减少了传统上按预期的客户需求进行过度库存的情况。快速响应把供应链管理的重点从根据预测和对存货储备的预期转移到提高运输效率上来。目前，大部分零售商都采用了 QR 方法来提高自身竞争力。随着零售商和供应商结成供应链战略联盟，竞争方式也从企业与企业间的竞争转变为供应链联盟与供应链联盟之间的竞争。

（一）快速响应的实施

（1）将所有的商品单元条码化，利用 EDI（electronic data interchange，电子数据交换）传输订购单文档和发票文档。

（2）增加内部业务的处理功能，运用 EDI 技术传输更多包括发货、收货通知在内的文档。

（3）供应链管理体系中的伙伴要加强合作，采用如联合部或系统等高级策略对客户的需求及时作出回应。

（二）快速响应成功的条件

除了按照上述的实施步骤进行操作之外，要保证快速响应的成功，还需要以下 5 个条件。

（1）创新运营方式和经营理念，完善组织结构，提高组织效率，消除因重复作业带来的成本增加和效率降低，优化分工模式。

（2）开发和应用现代信息处理技术。通过利用信息技术实现作业的无纸化和自动化。各企业可以通过 POS（销售时点信息管理）数据在直型 QR 内部进行信息的公开和交换，这样有利于整个供应链管理效率以及供应链上各企业经营效率的提高。

（3）供应链内部应加强合作，各方应建立起密切的合作关系，通过共享资源提高经营效率。

（4）消除传统做法中对信息保密的做法。供应链系统内部各方做到信息共享，将销售信息、库存信息、生产信息、成本信息等与合作伙伴交流共享。此外，合作伙伴应该一起发现、分析、研究和解决问题。

（5）缩短产品生产周期，减少库存。企业可以采取多品种少批量生产的方法来降低库存数量，还可以通过多频度派送的方式来提高服务水平。在紧急情况下还可以采用 JIT 的方式生产，从而减少不必要的库存。

二、连续补货

连续补货（continuous replenishment，CR）是指利用及时准确的销售时点信息确定已销售的商品数量，根据批发商或零售商的库存信息和预先规定的库存补充程序确定发货补充数量和配送时间。连续补货是快速响应的一种改进，是一种供应链物流系统下的高效管理运营模式。具体来说，连续补货就是指供应商和用户之间建立长期伙伴关系，供应商根据用户每天提供的库存信息和销售数据的要求，给用户下订单或提供补货。

世界著名商业零售巨头沃尔玛公司的补货策略对连续补货是一个很好的诠释。沃尔玛公司对每一种商品都制定了安全库存水平，一旦有商品的库存量低于安全库存水平，沃尔玛的计算机系统就会立刻通过网络向供应商要求补货。同时，沃尔玛店铺近期的销售记录也可以反过来帮助供应商分析出各种产品的销售趋势，供应商以库存数据为基础，兼顾物流成本，确定向沃尔玛提供补货的时间和方式。沃尔玛公司采用的这种策略是典型的连续补货模式。需要注意的是，在连续补货策略中，客户负责连续补货的决策。

经过进一步的发展和完善，连续补货由 IBM 开发成为连续补货系统（continuous replenishment practice，CRP）。宝洁公司首先尝到了连续补货系统的甜头，其在与零售商合作实施连续补货系统后，库存周转率提高了 107%，库存周转期缩短了 12.5 天，商店销售服务满足率提高了 2%，平均达到 99%，最终使得保洁公司的销售量增加了 2%。

三、供应商管理库存方法

供应商管理库存方法（vendor managed inventory，VMI）是指一种将掌握零售商销售信息和库存数据作为市场需求预测和库存补货依据的库存管理方案。供应商由于掌握销售信息而能及时了解消费需求信息，从而可以更快速、有效的对市场变化以及消费者需求做出反应。VMI 最早在 1958 年被提出，是 QR 方法的一种延伸。

由于供应商管理库存方法以信息为重要环节的特征，因此，它可以作为降低库存量、改善库存周转，进而保持库存水平的最佳选择。同时，由于在这个库存管理过程中，用户和供应商分享了销售信息和库存数据，因此二者都可以对市场需求的变化和消费者的需求及时作出反应，改善需求预测以及补货计划。

（一）VMI 的优点

供应商管理库存方法不仅降低了供应链的库存管理成本，而且给用户提供高效的服务，优势明显。实施 VMI 的优点主要包括以下几方面。

（1）省去销售商众多不必要环节和订货部门，提高销售商的工作效率和服务水平。

（2）通过拥有库存和有效管理，供应商可以及时对各个零售商的生产和配送进行协调。

（3）由于供应商掌握了大量的销售数据，因此可以提高需求预测的准确性。同时，由于供应商得到由下游经销商提供的销售数据，因此可以对库存数量进行相应的调整，减少不必要的库存管理成本。

（4）在 VMI 中，供应商可以直接同下游经销商进行接触和沟通，因此能更快地对用户需求做出反应，提高服务质量，降低了用户的库存管理成本。

（5）VMI 可以大大缩短供需双方的交易时间，从而提高上游企业对生产经营活动的管理效率，并能更好地满足用户需求，最终促进整条供应链柔性指数的提高。

（二）VMI 的局限性

虽然供应商管理库存方法具有很多优势，但是不可避免地也存在一定的局限性，主要体现在以下几方面。

（1）在 VMI 模式中，供应商和零售商的合作水平始终有限。

（2）VMI 要求合作双方有相当程度的互相信任，而在现实生活中却很难实现。

（3）在 VMI 中，供应商处于框架协议的主导地位，因此对于零售商来说，其实并没有实现真正的完全公平。

（4）虽然实施 VMI 可以降低库存管理的总成本，但是由于供应商主要承担着运输费用和库存费用等，这样来说，VMI 库存管理方法只是把风险转嫁给了供应商，是一种“责任倒置”的库存管理方法。

（三）VMI 的具体实施步骤

1．建立用户信息数据库系统

建立用户信息数据库系统，对于供应商管理销售库存至关重要，通过这一系统，能够使供应商准确把握商品的销售情况以及顾客对企业产品的态度和反应。从而更准确地进行需求预测和库存管理，并且科学整合由分销商进行的需求预测，从而提高双方的合作效率和合作深度。

2．建立销售网络管理系统

商品经过仓库不断地流入、流出，如何保证仓库的物流能保持在一个相对平衡与稳定的状态需要供应商对库存进行合理的规划与管理，而企业对仓库物流进行调节和管理的前提就是完善的销售网络与供货渠道。另外，为了保证仓库货物流转的效率，应该逐步实现仓库作业的自动化。为了完成这一目标，企业必须解决自己产品条码的可读性和唯一性，产品分类、编码的标准化和商品存储运输过程中的识别等三个方面的问题。

MRPII和 ERP 企业资源计划系统是目前最流行的两种企业资源规划与开发系统，整个软件系统不仅能够对企业的资源计划进行分析与规划，还能通过数据信息的分析与研究将企业销售、物流集中到一起，并且集成了销售管理的功能。通过这些系统企业可以进行职能的完善，拓展它们的业务。

3．变革组织结构

企业组织机构的变革也是 VMI 能够施行的一个重要因素，这是因为 VMI 管理的思路与方法与传统的仓库管理有着很大的差别，一些原有的组织机构在 VMI 管理中已经失去了存在的意义，对于这些机构我们应该对其实施果断地撤销。当然在 VMI 管理中有些功能的实现需要设置新的企业部门，这时我们应该根据企业的实际状况，合理的建立或者对某些原有部门进行改造，使其能够承担 VMI 管理的工作责任和内容。比如，在传统管理模式中，会计经理经的工作职责包括与用户有关的相关事宜，但引入 VMI 策略后，该职能则被一个订货部门新成立的职能单位所取代。

四、联合库存管理方法

联合库存管理（jointly managed inventory，JMI）是指由供应链上的每一个合作者共同参与库存计划的制定。供应商管理库存方法是联合库存管理方法基础。JMI 的目的是督促供应链上各方，在制定库存计划时将相互之间的协调性纳入考虑，避免因为需求变异放大而产生的冲突和矛盾，实现供应链上每相邻两个节点之间的需求的一致性。

（一）JMI 的优势

联合库存管理方法的优势体现在四方面。

1. 信息优势

通过建立 JMI 模式，企业之间的库存信息得以共享和交流，形成了一种战略性的合作伙伴关系，这不仅能保证市场需求信息在上游企业与下游企业之间的流通，还可以使供应链上各企业的经营活动围绕用户需求进行，不产生不必要的经营成本。

2. 成本优势

由于 JMI 模式实现了从分销商到供应商各个环节在库存管理方面的统一性，因此，供应链上的各方都可以实现准时采购。实现准时采购帮助各企业减少了库存量，提高了库存周转效率，缩短了订货提前期和交货提前期，降低了企业的采购成本。

3. 物流优势

物流优势是指，由于 JMI 模式要求供应链上的各方共同参与库存计划的制定和决策，因此避免了因多重预测而出现的需求预测混乱的情况。这样的优势保证了供应链的一体化管理，促进了供应链的运作效率的同时也减少了因预测误差带来的风险，能够有效消除牛鞭效应和库存过高的现象。

4. 战略联盟优势

JMI 模式的战略联盟优势是指由于 JMI 的实施以各方之间互相信任为

前提和基础，因此制造商、分销商以及供应商其实是站在一个阵营里的，因此，各企业之间通过 JMI 的运作加强了交流和合作。JMI 模式的实施还能保证这种由库存管理而带来的企业间合作模式不会轻易地被竞争者模仿，提高了企业的竞争力。

（二）JMI 的具体实施步骤

1．建立供需协调管理机制

建立供需协调管理机制就是协调供应链上各部分的利益关系，明确企业各自的责任范围，相互沟通协作。建立供需协调管理机制可从以下 4 个角度努力。

（1）建立共同合作目标。明确供需双方的各自目标，分析共同点和差异，通过协商，促进供需双方在合作目标上达成一致。共同合作目标主要包括用户满意度、利润增长、风险降低等内容。

（2）制定联合库存协调控制办法。通过成立联合库存管理中心，协调商议出优化库存的办法。制定联合库存协调控制办法主要包括协调多个需求商、确定库存上限和下限、确定安全库存、进行需求预测等。

（3）建立信息沟通渠道。在企业之间建立信息沟通渠道就可以大大避免因多次预测而导致信息混乱的情况，提高供应链系统信息的及时性和准确性，从而大大提高整个供应链的工作效率和工作质量。建立信息沟通渠道，要将条码技术、扫描技术、POS 系统和 EDI 集成起来，利用互联网的优势，保持整个供应链信息需求的一致性，为供需双方提供畅通的信息沟通平台。

（4）形成利益分配和激励机制。建立利益分配制度对利益进行合理的分配，有助于联合库存管理系统的顺畅运行；建立激励机制对参与到库存管理体系中的各个企业进行一定的激励，则能有效促进供应链上各方之间的协作和平衡。

2．建立快速响应系统

通过建立快速响应系统，大大缩短供应链整个过程反应的时间，减少从原材料到用户之间的库存量，提高供应链的运作效率。

3．发挥第三方物流系统的作用

第三方物流系统是集成供应链的一种方式，又可以称为物流服务提供者，主要作用是给用户提供包括产品运输、订单选择等在内的多种服务。

五、多级库存优化与控制

多级库存优化与控制是一种建立在淡季库存控制基础之上的库存控制方法，根据不同的配置方式，多级库存优化与控制可以产生多种系统，包括串行系统、并行系统、纯组装系统、树形系统、无回路系统和一般系统。

通常情况下讨论的多级库存控制方法主要包括两种，分别是非中心化库存控制和中心化库存控制。这两种控制方法成立的基础是控制成本。以成本优化为基础的多级库存控制从实质上来看就是确定库存控制的相关参数，主要包括库存检查期、订货点以及订货量。与传统的多级库存优化控制方式主要考虑生产分销模式不同，目前的多级库存优化控制方法已经开始关注整个供应链上的状况了，不仅涉及下游部分，也牵涉上游部分。多级库存优化与控制的模型见图 5-1。

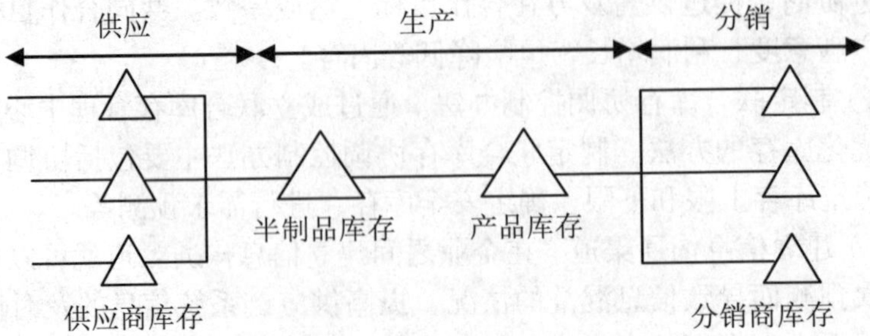

图 5-1　多级供应链库存模型

多级库存控制的目标就是优化总的库存成本，使其达到最小值。下面就多级库存控制的两种具体方法——中心化库存控制以及非中心化库存控制进行阐述。

（一）中心化库存控制策略

中心化库存控制是指将控制中心放在核心企业上，核心企业负责对供应链系统上的库存进行控制，并且起到协调上下游企业库存的作用。在中心化库存控制模型中，核心企业成为整条供应链上的数据中心，担负着继承数据和协调的功能。中心化库存控制模式是供应链上所有企业库存的控制参数在同时确定，这不仅是考虑各企业相互协调关系之后的结果，更能有效促进各企业的库存优化。但是中心化库存控制也存在一定的缺陷，就是在管理上有相当大的难度，尤其是当供应链上节点很多时，协调控制的难度就更加明显，中心化库存控制模型见图 5-2。

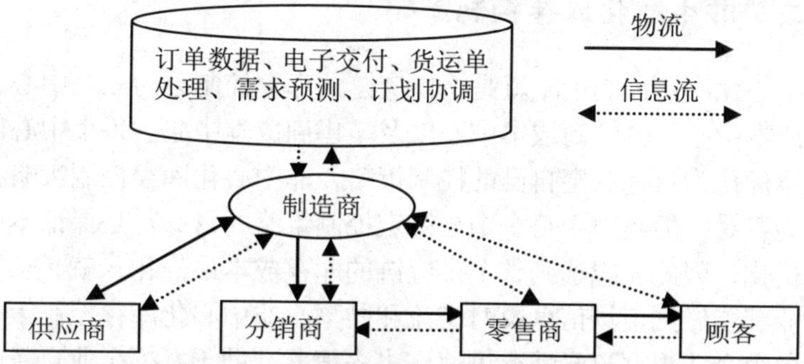

图 5-2　供应链中心化库存控制模型

使用中心化库存控制是为了降低整条供应链的总成本。供应链的层次会随着用户或者供应商的增加而无限制丰富下去，因此可以将供应链看做一个多层次的网络模型，分为一级供应商、二级供应商……k 级供应商等；分销商也同样如此，可以分为一级分销商、二级分销商、三级分销商等，最终到达用户。下图详细体现了多层次供应链的运作模式（见图 5-3）。

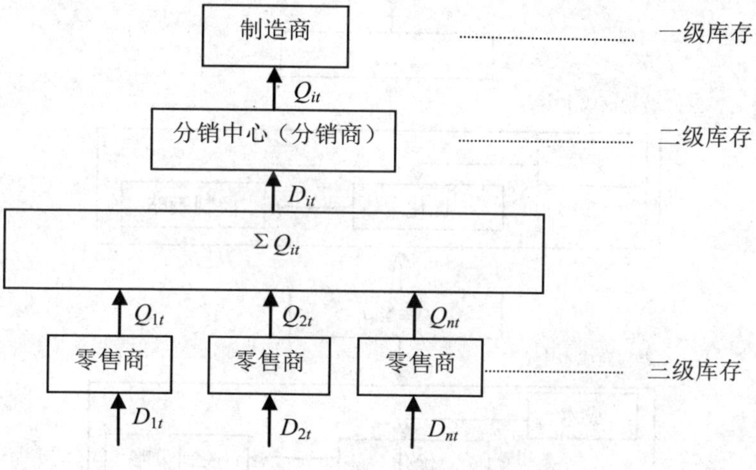

图 5-3　供应链中心化三级库存控制模型

如图 5-3 所示，将零售商的需求设为 D_{it}，这是一个独立的需求，而以需求量的变化为依据产生的订货量为 Q_{it}，需求率 di 与提前期 Lti 是两个随机变量，同时系统销售同一产品，即为单一产品供应链。将所有零售商的总订货需求汇总到各个分销中心，再由分销中心制成订货单分发给制造商，整个供应链在制造商、分销商以及零售商三方面形成三级库存。三级库存控制模型为：$\min\{C_{mfg}+C_{cd}+C_{rd}\}$。

（二）非中心化库存控制策略

非中心化库存控制策略就是将供应链的库存控制分为三个中心，分别为制造商成本中心、分销商成本中心以及零售商成本中心。每个中心以各自的库存成本优化为目标制定自己的控制策略，非中心化库存控制策略在管理上相对较为容易，但是由于每个中心制定控制策略的目标都是保证本中心的库存成本优化，因此要想达到整个供应链的库存成本最优化，就必须要各个部门或企业都能做到市场信息及时交流和共享。非中心化库存控制策略可以有效促进各个企业根据自身情况迅速作出决策，有助于发挥企业自身的自主性和灵活性。非中心化库存控制策略的示意图见图 5-4。

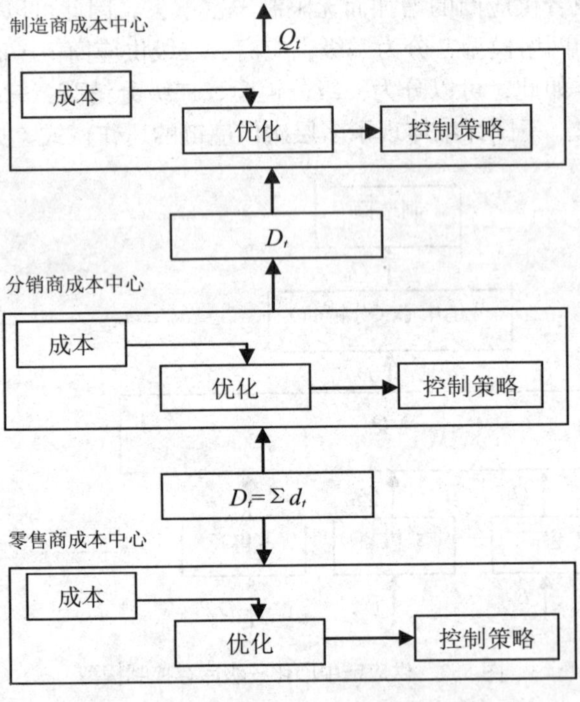

图 5-4　供应链非中心化多级库存控制模型

六、协同式供应链库存管理

协同式供应链库存管理是指协同规划、预测和补给（collaborative planning, forecasting&replenishment，CPFR），是一种由供应商管理库存方法发展而来的一种新的管理技术，首次出现在20世纪90年代末。CPFR始终从全局的角度出发，为整个供应链提供统一的管理目标以及实施计划，CPFR的管理核心是库存管理，与此同时，它还兼顾整个供应链上其他方面。采用CPFR库存管理模式有助于减少销售商的库存量，提高供应商的销售额，帮助供售双方同时获得利益，并且及时准确地预测因为各项促销活动或不确定性变化导致的需求变动，使得销售商和供应商在库存管理中掌握更多有效信息，赢得主动。

（一）CPFR的业务数据处理

CPFR采用特有的CPFR服务器来进行业务数据的处理，CPFR服务器的管理和维护由供应链当中的核心企业负责。供应链上每一个企业都可以参与到CPFR系统中来，与服务器通过网络进行连接。对于供应链上的小企业来说，加入CPFR系统的好处在于不必承担开发和维护的责任。

合作伙伴根据分销商业务计划、制造商业务计划和供应商业务计划，达成合作协议，创建共同业务计划，这些业务计划是整个CPFR系统活动的基础。零售商不断对来自POS的商品销售量进行汇总，根据这些信息和数据进行商品的需求预测，之后再将这些数据传输给CPFR服务器。同样，分销商也要对来自多个分销商的商品需求进行分类汇总，形成分销中心数据，并根据库存信息确定分销中心商品需求，把数据传输给CPFR系统。

（二）CPFR的供应链体系结构

以CPFR为概念基础建立的供应链体系结构包括四部分的内容。

（1）决策层。CPFR系统的决策层主要负责对企业领导层进行管理，同时要制定企业联盟的管理目标以及战略措施，建立跨企业的业务流程，并且负责企业联盟之间的信息共享和共同决策。

（2）运作层。CPFR的运作层主要负责运作具体业务，包括联合计划的制定、共享需求的预测、合作企业能力的协调，此外，运作层还要共同承担业务的风险。

（3）内部管理层。CPFR的内部管理层主要负责对企业内部的运营状况进行管理，主要包括对商品及其分类、库存、商品运营流程、市场营销、物流以及客户服务进行管理和控制。

（4）系统管理层。CPFR的系统管理层主要负责对供应链的支撑系统进行管理以及环境的管理和维护。

（三）CPFR 的实施步骤

可以将 CPFR 的操作流程总结为九个步骤，分别是：制定框架协议、协同制定商务方案、制定销售预测报告、鉴别预测异常、协商解决异常、生成订单预测报告、鉴别预测异常、协商解决预测异常以及生产计划的生成。

第三节　供应链库存绩效指标

如果把库存的本质看作对供应链运作和决策效率的反映，库存指标和绩效评测就是其中最重要的因素之一。比如，高德纳（Gartner）咨询公司发布了供应链排名前 25 的公司名单，这些公司在供应链流程和战略方面都十分具有创新性和领导力。高德纳排行榜 40%的评判标准都与库存直接相关，它所使用的关键绩效指标（key performance indicators，KPI）之一是资产收益率（return on assets，ROA），这个指标能够充分反映公司的整体运营效率，计算公式为：

ROA＝净收益 / 总资产

由于库存也是一种资产，一个公司的库存管理绩效会对其资产收益率产生直接影响。当其他条件不变，减少库存将会减少总资产，进而提高资产收益率。

除此以外，高德纳使用的 KPI 还有库存周转率。库存周转率经常被用来评估公司库存管理的整体效率，计算公式为：

库存周转率＝销货成本 / 平均库存

一般地，库存周转率越高，意味着公司库存的折旧率、缺货率和库存持有成本越低。因此，库存周转率这个指标经常被用来监控公司的库存管理是否适当。当然，周转率过高容易导致缺货。

总的来看，高德纳认为库存对于衡量公司整体供应链的绩效和活力是很有价值的。高德纳对于库存的重视与其他许多供应链绩效的评估框架，尤其是与财务相关的定量评估框架不谋而合。

之后我们会重点讨论几个用于评估公司库存管理绩效的关键指标。这些指标采用的角度不同，适用于不同场景。然而，它们又存在相同之处，即它们都将库存与公司整体的财务活力相联系，并能用于特定行业内公司之间的基准比较。

一、库存管理绩效指标的权衡分析

或许讨论库存管理绩效指标的最好方法是将其融入前后的流程中。库存是一个公司供应链管理绩效的关键方面，除了库存以外，与库存管理相关的还有其他几个相互联系的领域。比如，运输就是供应链中的一个重要环节，也是产生成本的一个重要因素。有趣的是，由管理决策而导致的库存绩效变化经常会影响运输成本和绩效。这就是“权衡”的概念。

在讨论库存绩效指标时，权衡是一个重要话题，库存决策的净效果才是我们最终需要关心的“真正”的绩效指标。假设一个决策减少了库存成本和持有相关成本，但为了维持服务水平，增加了运输成本。库存相关的成本减少了，“真正”的成本减少了吗?实际上，这取决于所增加的运输成本的数量级及减少的库存成本是否足以抵消这个增量。因此，在测量库存绩效时，库存相关的权衡问题十分重要，因为库存绩效的提升总是会产生一个净效应。下面我们就来简单讨论一下这些权衡问题。

（一）库存和运输的权衡问题

运输成本一般会随着运输量的增加而降低，运输过程的运营成本可以因此得到分担。整车运输（track-load，TL）和整箱运输（full contantainer load，FCL）一般会比非整车、非整箱运输更便宜，但是还必须考虑库存成本。

在很多时候，需求量是不满整车或整箱的。因此，使用 TL 或 FCL 必然会产生库存相关成本，这就出现了一个权衡问题。许多公司使用合并运输的方法来尽量装满整车或整箱。很多时候，一批货物需要暂缓装运，等待与目的地相同（或相近）的另一批货物合并。有时等待时间甚至以天计算（而不是以小时或分钟计）。结果就是，为了减少运输成本，库存持有成本增加了。与此类似，零售商经常为了获得内部运输的成本效益而从供应商那里订购整车／箱的货物。然而需求经常比订货量少很多，这导致为了节省运输成本而产生了更多的库存持有成本。

反过来也是有可能的。精益运营的一个关键就是“少量多次运输”（smaller，more frequent shipments）。很显然，这样做能降低库存成本，因为产品的运输频率提高了，也因此可以在整个供应链系统中流动，持有的库存就变少了。库存绩效指标可能会全部向好，这也是精益运营受欢迎的原因。然而，很显然这里也是存在权衡问题的。少量多次运输和大量运输相悖，而我们之前讨论过，后者是可以降低成本的。因此，库存成本减少，运输成本就会增加。这个权衡问题十分重要，尤其是在供应链管理中，因为库存成本和运输成本占总成本的比例很大。减少库存成本是件好事，但前提是其不会被由此增加的运输成本所抵消，不能过于“精益”了。

（二）产品种类和库存的权衡问题

市面上一共有多少种可口可乐?显然，回答这个问题需要花费一些时间，因为可口可乐内含不同的甜味剂、咖啡因和添加剂。实际上，问这个问题并不是想要一个准确的答案。回答为什么可口可乐会有如此多的种类才是关键。

顾客的喜好不同，公司会因此而生产不同的产品来迎合顾客的不同口味。增加产品种类经常被认为是一种增加收入的战略，因为更多的产品种类能满足更多的特定需求，产品在当前和未来的销量就会增加。由于简化和标准化产品有较大的成本效益，很多公司因此倾向于大批量生产，而放弃了产品种类多样化的好处。多样化的产品种类意味着需要更多库存来维持服务水平，因为库存单位增加了，对应的产品也要增加。

因此，考虑到销量和服务机会流失的潜在可能，简化产品种类的好处就不可忽视了。诚然，简化产品种类有助于减少库存成本、增加效率，但这些绩效收益能抵消丰富产品种类所带来的收入增加吗？在规划服务水平和产品战略时，这个权衡问题持续困扰着包括可口可乐公司在内的许多公司。

（三）批量生产和库存的权衡问题

之前提到过，厂商倾向于批量生产。批量生产的流程更好把控，单位产品成本更低，整体效率更高。但这种方式也存在问题，那就是需求常常比生产的量少很多。因此，为了充分利用批量生产的好处，公司经常不得不持有更多库存来为顾客提供服务。比如，当库存绩效指标显示出管理决策存在缺陷且低效（如低周转率）时，就必须考虑这一权衡问题。看似低迷的库存水平可能产生的净效应是生产成本降低，由此可以抵消库存周转速度减慢所产生的成本。

二、库存绩效指标类型

如前所述，库存绩效指标应该被代入前后的流程中讨论，现在我们来讨论一些用于评估库存管理效率的关键指标。相关指标有很多，因为不同行业、不同情景下的库存相关指标通常是不同的。比如，零售业经常使用库存毛利回报率（gross margin return on inventory investment，GMROII），这个指标被用来评估公司将库存转换为库存成本以外的现金的能力，计算公式为：

GMROII＝毛利／平均库存

若结果大于 1 则说明公司库存的销售额大于成本。这个评估库存绩效的指标可以被任何公司使用，在零售业尤为流行。因为产品或地理位置不同，利润和库存周转率的差别很大，许多零售商使用这个指标来评估产品线或处于某地理位置的店铺的长期收益率。从更广泛的意义上说，这个例子是想强调，有时候不同情景、不同行业使用的库存指标可能是不同的。

三、库存指标 4V 模型分类

一种讨论库存指标的方法是不那么关注实际指标（因为种类太多了），而是关注使用该指标的意图和目的。其中一个有用的框架叫作 4V 模型，它把库存指标根据使用目的分为：数量（volume）、价值（value）、速度（velocity）和误差（variance）。

（一）库存数量指标

库存数量指标关注一家公司拥有多少库存。这类指标一般是以库存单位计量，以表示可用的实体库存。因此，一家公司的原材料、成品、中间品的库存单位数量都属于库存数量。此外，许多公司会将库存单位转换为“总质量”来表示。这种表示方法在需要考虑运输的路由和调度方案时尤其有用。

除了绝对数量，很多公司还会使用相对数量，也就是预计现有库存的数量。缺货率（percentage out-of-stock）能够用来估计可用库存的数量，即

缺货率＝缺货的库存项／库存项×100%

必须要注意，其中的库存项不一定是产品单位，通常是库存单位。所以，这个指标量化了缺货库存单位的百分比——也就是可用库存数量占应该可用的库存数量的比例。

（二）库存价值指标

库存价值指标强调库存的两方面。一方面，该指标可关注库存的美元总价值和总成本。这些指标通常以美元为单位，用来评估库存投资的总金额。比如，一个常用的指标是平均库存（average inventory），计算公式为：

平均库存＝（期初库存＋期末库存）/ 2

使用这个简单的计算式就可以估算一个公司拥有的长期而非一两个月的库存。平均库存也经常被用来和收入进行比较。许多公司经常会计算出年初至当前的平均库存，然后将其与年初至当前的收入进行比较，看需要多少库存投资才能够维持现有的销售水平。

这个指标也经常被用来比较不同时期的库存投资水平，以追踪可能发生的重大改变，维持公司的正常运营。另一方面，库存价值指标强调库存投资的效益价值——即投资库存能产生多少收益。之前我们在一个例子中使用了 GMROII 这个指标。GMROII 其实是一种价值指标，因为它表示的是公司从库存中获取的价值。

另一个表示公司库存投资收益的指标是销售额与流动资金比率（sales to working capital，SWC），这个指标表示产生销量所必需的流动资金，计算公式为：

SWC＝年度销售额 /（应收账款＋库存－应付账款）

这个等式表明库存是影响该指标的关键。因此，该指标将库存投资价值、流动资金及销售额相联系，通常被用来进一步量化库存投资价值。和其他以美元为单位的指标不同，本指标用数值比表示。比如，如果一家公司的 SWC 为 3.1，就意味着流动资金中的每 1 美元就等于 3 美元的收益。换句话说，这家公司的流动资金大约占了销售额的 1 / 3。

当然，这个指标不仅仅涉及库存。很显然，比值越高越好。要提高这个比值，除了减少库存以外，还可以使用如增加销量在内的其他方法。这个指标经常被用来反映库存投资收益，但是它更像是一种综合的流动资金指标。因此，人们也经常使用库存销售比率（sales to inventory ratio，SIR）这个指标，它的粒度更细，能够直接反映与库存相关的收益。计算公式为：

SIR＝年销量 / 库存

另一种库存价值指标与公司的服务水平相关。库存可得性被用来评估公司库存对销售的支持情况。因此，诸如供应比率等和库存可得性相关、反映服务水平的指标，是库存投资价值的重要评估指标。

供应比率反映的是使用现有库存足已完成的订单比率。这是一个重要的库存价值指标，因为它反映了库存投资为公司产生收益的程度。根据分析的单位不同，供应比率的计算方式有很多种。比如，供应比率（line item fill rate，LIFR）反映了使用第 1 批货物完成的订单项占全部订单项的比率。该指标的计算公式为：

LIFR＝使用第 1 批货物完成的订单项数 / 订单项数

假设客户下单订购 10 个产品（每个产品对应一个订单项）。现在，供应商发的第 1 批货中包含其中 8 个产品，几天之后的第 2 批货包含剩下的 2 个产品，LIFR 就为 80%。换句话说，在这个订单中，只有 80%的订单项相关库存是能够产生即时价值的，因为另外 20%订单项的相关库存是不可用的。

除了以订单项为单位的供应比率，还有以库存单位为单位的（使用第 1 批货物完成的库存单位数 / 库存单位数），甚至还有以美元为单位的（使用第 1 批货物完成的订单项对应金额 / 总订单金额）。

（三）库存速度指标

最常见的库存管理绩效指标可能就是反映库存周转速度的指标了。库存情况经常被用来评估一家公司的供应链运营的整体健康和活力程度。鉴于供应链的首要目标是将产品送至客户手中，让库存转换为销售额，因此反映库存是否真正流动及流动速度的指标就显得十分重要。速度指标和客户接收及支付库存的速度有关。

库存周转率已经成了公司使用最多的评估库存管理效率的指标之一。正如之前所说，供应链咨询师和研究者经常使用这一指标来评估一家公司的供应链流程和运营的速度。计算公式为：

库存周转率＝销货成本 / 平均库存

式中：平均库存＝（期初库存＋期末库存）/ 2。

对库存周转率最好的解释就是公司库存每年通过供应链网络流转或流通的次数。比如，如果库存周转率为 12，就说明库存平均一个月在网络中周转一次；如果为 4 就说明平均每 3 个月周转一次。通常的库存管理目标是通过增加每年的平均周转次数来提高库存周转率。低库存周转率意味着公司的库存过量，从而导致库存的周转速度较慢。

低库存周转率可能会限制公司的现金流，让公司错失获取更多收益的投资机会。另一个常用指标是库存天数（days of inventory on-hand，DOI）。这个指标是库存周转率指标的另一个版本，以天数而不是比率作为单位。有好几种计算 DOI 的方法，计算公式为：

DOI＝365 / 库存周转次数

DOI＝平均库存 /（销货成本 / 365）

式中，平均库存＝（期初库存＋期末库存）/ 2。

DOI 反映了某产品或产品线属于现有库存的平均天数。如果现有库存的平均天数很少，公司的库存周转速度就很快，供应链就是高效运作的，并且投入库存中的流动资金也会更少，公司就可以增加投入其他领域的流动资金。

另一个库存速度指标是现金循环周期（cash-to-cash cycle，C2C），也称为现金转换周期（cash conversion cycle），它反映了公司将库存一类的输入资源转换为现金流所花费的天数。它反映了净输入资金在产品售出并转换为现金之前的时间长短。C2C 与库存销售时长（DOI）、收取应收款时长（应收账款周转天数）、支付应付款时长（应付账款周转天数）相关。计算公式为：

C2C＝DOI＋应收账款周转天数-应付账款周转天数

式中：DOI＝平均库存／（销货成本／365）。

应收账款周转天数＝平均应收账款／（销售额／365）

应付账款周转天数＝平均应付账款／（销货成本／365）

周期越短，资金捆绑在供应链中的时间就越短。当然，C2C 不仅仅是一种库存指标，因为它不只反映了公司的库存管理绩效，还反映了公司处理应收和应付账款的效率。C2C 又是一个格外重要的库存速度指标，因为它反映了库存从现金支出到现金收入的转换速度。

（四）库存误差指标

误差指标用于评估库存记录的准确程度。因此，这类指标关注的是库存记录是否真实、准确地反映了公司的库存水平。误差指标基于周期计数和永续库存管理系统。因此，对库存记录的管理是持续性的，并且以部分实体库存盘点作为对照。

计算库存准确度并没有一种最主流的方法，但有一种最简单的方法：计算现有库存和记录库存之差。计算公式为：

$$\text{库存误差}=\frac{\left|\text{盘点库存}-\text{记录库存}\right|}{\text{盘点库存}}\times 100\%$$

也就是用盘点的实体库存和记录库存之差的绝对值除以实体库存数。再将结果乘以 100%就可以得到对应的百分数。比如，假设一家公司库存的定期盘点结果为 95，而每个库存记录显示有 100 个库存单位。库存准确度就等于 5／95，大约为 5%。

另一个计算方法是以美元为单位（即用盘点实体库存的美元价值和记录库存的美元价值之差的绝对值除以实体库存数的美元价值）。本方法甚至还有一个扩展版，即根据差值的正负为美元价值赋予相同的正负号。比如，假设一家公司库存的定期盘点结果为 100，库存记录显示有 95 个库存单位，每单位价值 5 美元，因此实体库存价值多了 25 美元，记为+25 美元。如果库存记录显示有 101 个库存单位，那么实体库存价值少了 5 美元，记为-5 美元。

总的来说，这些计算方法为公司提供了发现永续库存系统中库存记录误差的便捷手段。对于零售业来说，库存误差是一个特别重要的指标，它能严重影响销量的流失情况。如射频识别（RFID）技术等更加先进的定期盘点技术能够提供即时数据，有助于检查库存记录的准确度并发现潜在的误差问题。

四、指标系统和框架

除了了解那些经常被用来评估库存管理绩效的指标以外，了解公司获取相关数据的方法也非常重要。由于彼此相互联系并且与供应链绩效相关的因素以及管理的库存数量、可用的库存指标数量众多，对指标进行追踪和监测是一个十分艰巨的任务。很多公司发现将管理框架应用于包括但不限于库存绩效等方面的监测是一个不错的方法。

五、库存管理绩效指标的例外管理法

例外管理法（management by exception，MBE）是指对公司的财务和运营绩效进行审查，但只关注那些与预算或预计的指标阈值相差很大的结果。比如，补货经理可能会被要求向上级管理层报告那些缺货率小于 95%的库存单位，或者被要求关注库存误差度大于或小于阈值 1 000 美元的情况。

很显然，MBE 主要就是管理商业活动中有关规划方向或结果的重要偏差。MBE 的优势在于，它比一般的管理方法所需要关注的财务和运营数据更少，因此效率更高。然而它的一个缺陷是，“例外”的判断是基于作为比较基准的预算或预计的指标阈值。如果阈值设定得不好，偏差的相关度就会很低，从而把人的注意力错误地转向那些不那么重要的管理方面。另外，使用 MBE 通常需要增设一个监测部门，因为可能需要一个责任方来专门关注和处理例外情况。

六、绩效指标仪表板和平衡计分卡

很多公司发现，为了更好地使用例外管理法，需要引入仪表板系统。绩效指标仪表板系统能够将库存相关 KPI 可视化，并快速收集这些指标背后反映的问题。许多仪表板系统使用复杂的彩色编码技术来标注潜在的问题区域或例外情况。因此，管理人员就可以通过监测仪表板系统来对库存绩效实施例外管理。比如，仪表板可能会反映 LIFR 进入了“红色状态”，表明该指标已经低于一个被认定的可接受的水平。管理层可以就此制定一个解决该问题的策略，并调查潜在的问题根源。

另一个常用的绩效指标框架叫作平衡计分卡（balanced score card，BSC）。BSC 是一个使用广泛的绩效计划和管理系统，用于调整商业流程、活动，使其和公司的愿景、策略保持一致。其创始人卡普兰（Kaplan）和诺顿（Norton）表示，BSC 通过结合战略性的非财务绩效指标和传统的财务指标来监测 KPI 和公司战略方向的一致性情况，让经理和总监在监测公司绩效时获得更“平衡”的视图。BSC 通过将每个指标和目标值相比较，并形成一个简洁的报告来帮助相关人员进行例外管理。埃克森（Eckerson）认为，绩效指标仪表板系统和 BSC 概念的主要区别之一在于，前者追踪的是绩效，而后者追踪的是流程。实际上，BSC 也能够反映公司的愿景和使命，因为在计分卡的制定过程中，这两个方面必须作为制定基础。

虽然 BSC 这一概念最开始并不是用于供应链绩效评估的，但它已经成了众多公司用来表现供应链运营目标和绩效的框架。BSC 将绩效分为 4 类：财务、服务水平、内部商业流程、学习与成长。在供应链中使用 BSC 时，这几类绩效被用来追踪公司管理供应链的成本和服务的水平，因为库存成本占了供应链成本的很大一部分，对供应链的服务水平有着重要影响，在供应链管理的过程中使用 BSC 还能对库存绩效做出评估。

BSC 的财务绩效指标包括前面提到的好几种库存指标，如 SWC 和 GM ROII。换句话说，库存绩效财务方面的指标属于 BSC 中的财务绩效指标范畴。BSC 中的服务水平绩效则与公司服务客户及给客户留下正面形象的能力水平相关。因此，供应比率、取货率等库存相关指标就属于这一范畴，因为这些指标评估了公司维持库存水平以满足客户需求的能力。

关注库存准确度和速度的那些指标则属于 BSC 中的内部商业流程范畴。这类指标关注公司的运营管理水平及流程效率。因此，之前提到的库存指标都属于这一范畴，因为库存周转率和库存误差率等指标都能够反映公司的管理水平。

BSC 还可以反映公司在创新、成长、提高等方面的投入。显然，这对于库存管理也是适用的，因为这个框架不仅能反映库存管理水平，还能反映其相对提升的水平。

总的来看，BSC 是一个公司用来组织库存绩效指标评估的有用工具。可用的库存绩效指标有很多，并且像 BSC 这样的框架能够帮助公司确保指标与战略的相关性及一致性。

【案例分析】

沃尔玛存货管理分析

经过 40 余年的发展，沃尔玛已成为世界知名的连锁零售商。沃尔玛取得成功的原因之一，在于他们努力践行着那句口号“天天平价，始终如一”。为实现这一口号，沃尔玛严格控制供应链每一环节，从而可以低价格出售商品，争取到尽可能多的消费者。在供应链的管理过程中，沃尔玛的战略恰恰应了中国的一句老话“磨刀不误砍柴工”。它不是将物流环节视为企业的成本中心尽力缩减投入，而是将其视为利润中心，采用全方位的电子系统控制、最先进的技术以及对供应商的高标准要求，从而实现供应链高效运转。

早在 20 世纪 80 年代初，沃尔玛便采用电子化的快速供应这一现代化供应链管理模式，并且不断将更新的技术融入其中。这一模式使沃尔玛将销售信息、库存信息、成本信息等与合作伙伴交流分享。可以说，这是供应链管理由企业内部向企业间合作的一个飞跃。沃尔玛具体做法是：通过 EDI（电子数据交换）系统把 POS（销售时点信息管理）数据传给供应方，供应方可以及时了解沃尔玛的销售状况，把握商品需求动向，及时调整生产计划和材料采购计划。供应方利用 EDI 系统在发货前向沃尔玛传送 ASN（预先发货清单），这样沃尔玛可以做好进货准备，同时省去货物数据的输入作业，使商品检验作业更有效率。

沃尔玛在接收货物时，用扫描仪读取货物的条码信息，与进货清单核对，判断到货和发货清单是否一致，利用电子支付系统向供应方支付货款，并把 ASN 和 POS 数据比较，迅速知道商品库存的信息。沃尔玛把商品进货和库存管理职能移交给供应方，供应方对 POS 信息和 ASN 信息进行分析，把握商品销售和沃尔玛的库存动向。在此基础上，供应方决定什么时间、把什么商品、以什么方式发送，发货信息预先以 ASN 形式传送给沃尔玛，以多频度小数量进行 CRP（连续库存补充）。

如此运作，供应方不仅能减少本企业的库存，还能减少沃尔玛的库存，实现整个供应链的库存水平最小化。对于沃尔玛来说，省去了商品进货业务，节约了成本，能够集中精力于销售活动，并且能够事先得知供应方的商品促销计划和商品生产计划，能够以较低价格进货。目前沃尔玛对其供应链管理系统还融入了无线射频识别技术（RFID）。采用这一技术旨在监督和跟踪控制每一个产品，控制物流环节中的产品缺失与质量监督。这一技术的应用最初在供应商那里反响并不好，大部分供应商反对采用这一技术。因为这不是简单地在商品包装上贴标签的措施，而是对于整个供应链上游的技术性整合，这方面的成本投入与工作方式的转变都是巨大的。但由于沃尔玛的坚持，随着时间的推移，越来越多的供应商采用了这一技术。

从强制性采用 RFID 这一技术可以看出，沃尔玛对于供应商要求之严格，并且其对供应商严格要求的标准也被多家企业借鉴。我们从沃尔玛官方网站就可以看出其对于供应商的要求严格之程度：供应商对当地法规的遵守情况；供应商对其雇工制定的劳动时间、是否存在种族歧视；供应商的工作环境尤其是环保要求；与沃尔玛合作的商业机密保密情况等均做了明确严格的要求。不仅如此，沃尔玛每年还为其供应商进行相应的培训，并且将培训的结果公之于众。

从 20 世纪 80 年代物流管理理念的创新，到当今作为 RFID 的主力倡导者，可以说，沃尔玛不是将物流管理一味地作为成本中心加以缩减，而是将其不断改造更新成为企业的核心竞争力，最终成为企业的重要利润来源。

一、库存控制在企业中的作用

（一）理论上

一般情况下，企业设置库存的目的就是为了防止短缺。就像水库里的储水能够随时取用一样，企业设置库存就是保证能向外界源源不断地提供产品。另外，它还具有保持生产过程连续性、分摊订货费用、快速满足用户订货需求，甚至还有囤积货物的作用。

（二）实际上

尽管库存是出于种种经济考虑而存在的，但却也是一种无奈的结果，因为库存的存在是企业无法预测未来的需求要求才不得已采取的办法。

但是对于沃尔玛而言，库存控制的价值体现得最明显的就是在规模如此之大的情况下还能“天天特价”。正如案例里所说，因为沃尔玛绕开中间商，直接从工厂进货，统一订购商品到配送中心后，再根据每个分店需求配送。这样保证了交货时效，改善了服务质量，同时保证企业按时快速交货，能够避免或减少库存缺货或供货延迟给企业带来的经济损失，还可以提高人力和物力的效率。这体现在三个方面：一是这样做减少作业更换时间；二是这种价值不增加任何附加值，防止某个环节零部件供应缺货导致生产中断；三是当需求波动或季节性变动时，使生产均衡化。另外，存货管理也使得沃尔玛可以减少订货次数，这样一来也节省订货费用。沃尔玛的库存管理还可以平衡其流通资金的占用。库存的材料、在制品及成品是企业流通资金的主要占用部分。资金一定量的情况下，库存这一部分资金占用过多，其它部门占用的资金就少；库存这一部分资金占用过少，有利于资金流向其它更需要使用资金的部门。因此沃尔玛对库存量的控制实际上也是进行流通资金的平衡，使得其企业资金能够满足企业的需要。

综上所述，沃尔玛的库存管理使得其成本比竞争对手低，商品周转快。这种类似网络零售商“零库存”的做法使沃尔玛每年节省数以百万美元的仓储费。这样节省下来的仓储费就能使其有能力有资本进行“天天特价”了。

二、提炼出优化和改进库存管理的相关措施

为了不使沃尔玛因发生缺货现象,而失去销售机会招致商业利润的损失，必须有一定的库存数量，而如何使库存量最经济、最合理，就必须对库存进行合理的计算。库存又包括需求和补充两大方面。对于沃尔玛来说，所谓的补充就是订货，库存量会因为需求而不断减少，这时候就要对库存加以补充，否则最终将无法满足需求，补充即意味着库存的输入。补充的具体方法就是通过向供应商购买，但是往往从订货到货物运送到沃尔玛专有的配送中心需要一段时间，通常我们称为滞后时间。因此，为了顾客在购买东西时不至于缺货，沃尔玛需提前订货，并且还要计算出适合销售的经济订货批量。沃尔玛作为排名第一的零售企业，面向社会，以顾客满意为第一目标，一般来说，对于重要的不可缺少的商品来说是不允许缺货的。

全面压缩库存。沃尔玛可以通过降低库存风险，压缩过剩库存，来达到保鲜管理的目的，这里说的保鲜不单指食品问题。如果库存积压就会造成贬值和浪费，不积压商品，使商品处于新出厂的程度，至关重要。这时，沃尔玛可以通过战略性决策对库存进行良好的控制，即全面了解库存情况和即时销售数据，做出订货计划和今后库存的方针和战略决策。当然，全面压缩库存并不是将所有商品库存压缩为零，对畅销品和以后可能流行的商品可以适当的保证多一点库存。丰富畅销品对策使沃尔玛在提高销售额的同时，降低成本，变换品种以提高销售量。

第六章　供应链采购管理绩效

第一节　供应链采购管理及采购绩效评估

一、供应链采购管理的概述

（一）采购

1. 采购的定义

有效的货物或服务的采购，对企业提高竞争优势具有极大的作用。采购过程把供应链成员联结起来，供应链成员的信誉和相互的信任度保证了供应链的供应质量和供应的稳定性。在许多行业中，原材料的投入占据了产品成本的很大比例，并且原材料的质量与产品质量具有紧密的关系，不容易找到合适的替代品，因此想办法降低原材料的采购成本对降低成本的意义不言而喻。

采购是一个复杂的过程，涉及到方方面面的因素，并且不同的采购方式有不同的侧重点，因此目前还很没有一种定义能够将采购包含的所有要素都囊括进去，人们对它的定义也没有达成一个统一的看法。我们认为，肯尼斯·莱桑斯和布莱恩·法林顿在《采购与供应链管理》中为采购下的定义比较具有全面性：采购是一个由组织机构的单位实施的过程，不论是作为一种职能还是作为集成供应链的一部分，它既负责以最有效的方式在合适的时间采办或协助用户采办合适的质量、数量和价格的货物，又负责管理供应商，并由此对企业的竞争优势和企业共同的战略目标做出贡献。

在这个定义中有不少术语，下面分别予以解释。

（1）过程，指涉及采办供应的业务活动的链或序列。

（2）组织机构的单位，这可以是一个部门、一个团队、一个成本或利润中心，它们在指派经理的管理下，负责所有的采购业务活动。一个可替代的术语是“采购负责中心”。

（3）职能，一个可分离的组织单位。

（4）集成供应链，指把过去分散的组织机构单位，如采购、生产和销售，吸收到一起，形成一个连续的相互作用的流程。

（5）采办，这是通过一切手段获取商品和服务的过程。

（6）协助用户采办，指不断增加的业务，要与某个供应商谈判合同，采购像办公室用物资这样的大宗货项。用户可以使用所谓的采办卡片，直接在线订购他们所需要的物资。这也指由采购部门作为采购团队的职责给予的指导。

（7）最有效的方式，指在采购过程中，尽可能地消除无增值作用的所有业务活动。

（8）供应商管理，这是采购或采办的一个方面，它涉及供应商基库的合理化，挑选供应商，协调供应商，评估供应商绩效及开发供应商的潜力，并且在合适的情况下，与供应商建立长期的合作关系。

（9）竞争优势，它是指企业比它的竞争对手能够更好地面对市场和风险的能力。采购的力度和开发良好的供应商关系可以企业保持这种竞争优势。

（10）企业共同战略，这主要是指一个企业的目标和为了达到这种目标所采取的手段及措施。

2．采购要素

采购主要有供应商、时间、价格、数量和品质等 5 大要素。

（1）对于供应商的选择，采购人员必须考虑供应商的规模，平衡潜在供货能力及价格、配合度。另外，考虑到资源的稀缺性，采购人员还应尽量开发可靠的替代性供应货源，同时做好供应商管理，提高采购绩效。

（2）在时间方面，可分为两方面，主要是内部使用单位的需求时间和要求供应商交货的时间。为了权衡交货期与价格，采购员应缩短供应商前置时间或者前置期，配合使用单位的需求时间与生产排程以达成及时供货的目的，从而保证生产线能够顺利运转。

（3）在价格方面，并不是奉行低价至上原则。采购员要在保证物品质量的前提下，根据采购的目标，以最优价格买到其需要的物品和服务。

（4）就数量而言，采购员既要顾虑到库存管理，使物品库存周转率达到最大而减少储存成本，还要尽量减少库存积压、在库存品损坏、失窃等，使存货的持有成本保持在低水平。

（5）就品质而言，采购员必须注意品质保障，但是不能过度追求品质。另外，采购还应保持一致的物料品质，即要维持品质的一致性，要求供应商每次供货的品质不能有明显的差异。

3．采购活动的功能

（1）有助于产品和服务质量的提升。采购和供应链管理有助于产品和服务的质量的提升。在很多情况下，公司想提高它们外包的零部件、配件和服务的比例，以便集中精力专攻它们所擅长或占优势的领域。于是，采购、外部供应商和质量之间的关系就变得愈加重要。下面的例子揭示了供应商的质量和产品质量的重要联系。欧洲一位苏打汽水饮用者因喝可口可乐公司的产品而生病，这个例子曾引起广泛的关注。可口可乐公司的首席科学家声称，事故原因是比利时的一个瓶装车间的质量疏忽。可口可乐公司的最终产品里被发现有污染了的二氧化碳（生成苏打饮料气泡的气体）。可口可乐公司的一个发言人证实，比利时车间没有对供应商的二氧化碳进行检验。而供应商申辩说，可口可乐公司从未要他们出示过有关气体质量确认分析的证明。这个例子说明，在管理供应商质量过程中，疏忽或遗漏会影响一个品牌，即使是世界上有名的品牌。

（2）有利于改进产品和流程设计。采购发挥着连接供应商和工程师的作用，并且有利于改进产品和流程的设计。例如，与没有引进供应商的公司相比，早期就与供应商建立合作关系的公司在物料成本方面会有平均20%的降低，物料质量会有20%的改进；同时，产品开发时间也会缩短20%。包括供应商在内的研发小组也报告说，与不包括供应商的团队相比，他们会得到来自供应商的更多的改进建议。早期就与供应商建立联系意味着从那一刻起，采购就开始创造新价值。

（3）有助于取得竞争优势。许多总经理都一致认为，有效的采购是取得竞争优势的关键。比如在20世纪90年代，美国电话电报公司一位负责电话产品的副总裁发表了这样的感慨："迄今为止，采购是美国电话电报公司一个最大的职能部门。没有什么其他部门比采购更重要。"

4．采购的原则

采购决策应该以正确的商业导向为基础，兼顾对其他部门的影响，并且以适应公司内部用户要求为目的。结合采购五要素，指导采购的原则可以归纳为"五适"，即5R原则，包括适时原则、适价原则、适质原则、适量原则和适当交货期原则。

（1）适时原则指准时采购，在需要时采购，不轻易地进行随机采购。采购时间可以根据不同的采购方式来决定，其中采购方式包括现用现料方式、定量采购方式和定期采购方式。该原则主要和采购环境及供应商关系相关。

（2）适价原则是指采购时应注重商谈价格。采购员必须根据市场行情，分析物料的质量情况和价格变动情况，购买物美价廉的物资。该原则主要与采购定价相关。

（3）适质原则指物料采购必须事先依据所需求的性能或质量列出技术要求，根据要求选择合适的供应商。在此过程中，采购员还应根据潜在市场变化或供应厂家的生产情况作出恰当的采购变动决策。该原则主要与质量管理相关。

（4）适量原则主要指通过采购量协调生产销售顺畅度与资金库存调度间的关系。该原则主要与库存、成本管理相关。

（5）适当交货期原则指适当的交货提前期或采购提前期。提前期过长将导致大量库存，理论上说提前期越短越好，但由于信息传递质量等客观条件的限制，提前期难以压缩到理想水平。因此该原则主要和选择及管理交货期相关。

（二）采购管理

1. 采购管理的概念

所谓采购管理，就是指为达到机构的日常管理与战略目标而获取供应商的商品和资源的管理活动。其目标是保证企业的物资供应，确保在适当的质量下，能够以适当的价格，在适当的时期从适当的供应商那里采购到适当数量的物资和服务。

（1）合适的供应商。合适的供应商对于企业来说有重要作用，它是采购管理的首要目标。供应商对企业成本有着重要的影响，一个合适的供应商能够有效地降低企业成本，提高企业的利润。在对供应商的选择中，我们不仅要注重供应商所提供原材料或零配件的价格，还要综合考虑其产品质量、行业信誉以及生产供应能力等多种因素。

（2）适当的质量。企业进行采购的主要目的是服务生产，当然也有一部分非生产性采购，这里我们不做过多讨论。就企业的生产性采购而言，采购部门必须对采购物品有严格的质量标准要求，这是保证企业产品质量的重要环节，企业管理者必须予以足够的重视。采购物品的质量要做到“适当”，既不能加大采购成本，也不能影响企业最终的生产物品的质量。

（3）适当的时间。采购时间上的适当主要有两个层面的意义：采购部门要制定合理的采购计划，保证原材料供应的连续性，不能出现供应中断的情况，否则会影响企业的正常生产，为企业带来不必要的损失；企业生产物资的供应要与企业的生产节奏和市场行情相一致，避免出现库存大量积压的情况。

（4）适当的数量。采购数量适当是指根据企业的生产节奏和市场销售状况科学确定采购的数量，既要保证企业正常的生产节奏，又要保证库存不能出现过多的积压。

（5）适当的价格。采购价格是与企业的生产成本关系最为直接的一个采购要素，采购成本高，企业的生产成本和产品的最终销售价格也会随之升高。因此，采购物品价格适当也是采购管理的重要目标。所谓“价格适当”，还要求采购价格的公平合理，采购商要保证供应商合理的利润空间，保证其长期供应的积极性。

在实际采购管理中，采购经理一方面必须主动地对用户需求作出反应，另一方面还要保持与供应商之间的互利关系。

2. 采购管理的作用

采购管理的作用主要可分为直接作用和间接作用。直接作用指采购管理可以通过成本节约等提高营业利润；通过与供应商一起安排质量和物流，提高资金周转率；对企业的业务流程重组及组织结构改革作出贡献；为企业内部提供价格、产品可用性等信息。间接作用主要指采购管理促进产品标准化、减少库存、增强柔性、提高企业部门间协作水平，同时对产品设计和革新也起到重要作用。随着企业经营形式的发展变化，采购管理也在供应链的构建及实施中起到了重要的衔接、协调作用。

3. 采购管理的主要方面

企业为了完成自己的既定采购目标，要特别重视与加强对采购活动的管理。企业的采购承载着一定的经营任务，主要包括：保证物资供应，确保企业生产正常运行；获取物资采购和生产经营相关信息，为管理者提供决策依据；处理好与供应商的关系，便于建立长期合作关系。

二、采购绩效评估

（一）采购绩效评估的基本要求

根据美国采购专家威尔兹的研究，采购绩效评估的基本要求主要包括以下几方面。

（1）评估采购主管必须具备对采购人员工作绩效进行评估的能力。

（2）采购绩效评估必须遵循以下基本原则。

1）评估必须持续进行，要定期审视目标达成程度。当采购人员知道会定期地评估绩效，自然能够致力于绩效的提升。

2）必须从企业整体目标的观点出发来进行绩效评估。

3）评估必须持续不断而且长期地进行。

4）合理的评估尺度。评估时，可以使用过去的绩效为尺度，也可以过去的绩效作为评估的基础，更可以与其他企业的采购绩效比较的方式来进行评估。

（二）采购绩效评估的特点

根据供应链管理运行机制的基本特征和目标，供应链采购绩效评价指标应该能够恰当地反映供应链整体运营状况以及上、下节点企业之间的运营关系，而不是单独评价某一供应商的运营情况。

例如，对于供应链上的某一供应商来说，该供应商所提供的某种原材料采购价格很低，如果孤立地对这一供应商进行评价，就会认为该供应商的运行绩效较好，是采购工作的首选供应商。若其下游节点企业仅仅考虑原材料价格这一指标，而不考虑原材料的加工性能，就会选择该供应商所提供的原材料，而该供应商提供的这种价格较低的原材料，若其加工性能不能满足该节点企业生产工艺要求，势必增加生产成本，从而使这种低价格原材料所节约的成本被增加的生产成本所抵消。因此，评价供应链运行绩效，不仅要评价该节点企业（或供应商）的运营绩效，而且还要考虑该节点企业（或供应商）的运营绩效对其上层节点企业或整个供应链的影响。

现行的企业采购绩效评价指标主要是基于采购功能的绩效评价指标，不适用于对供应链运营，尤其是采购方面运营的绩效评价。一般认为，供应链绩效评价指标是基于供应链业务流程的绩效评价。

（三）采购绩效评估的工作流程

采购绩效评估是对采购工作进行全面系统地评价、对比，从而判定采购所处整体水平的一种做法，可通过自我评估、内审、管理评审等方式进行。评估审核一般依据事先制订的审核评估标准或表格，对照本企业的实际采购情况逐项检查、打分，依据实际得分并对照同行或世界平均水平找出自己的薄弱环节进行相应改进。

采购绩效评估工作流程通常包括以下步骤。

（1）制定目标。参照企业战略、经营计划、工作目标、上次采购绩效评价或采购绩效目标、关键工作、最新工作描述、职位说明等制定目标。

（2）进行沟通。参与各方进行有效的、持续的正式和非正式的评估沟通。

（3）保持记录。观察绩效表现，搜集绩效数据，将任何采购绩效的痕迹、印象、影响、证据、事实完整地记录下来，并做成文档。

（4）评估。通过检查、测评、绩效考核、绩效会议等进行对比、分析、诊断、评估。

（5）识别。识别在各个领域中的缺点和优点，并进行确认。

（6）激励。包括激励、负激励、报酬、教导、训诫、惩罚等手段。

（7）关注辅导。观察、关心评估对象，引导、教导、帮助评估对象，利用组织和员工的特长来开发他们的潜能。

（四）采购绩效评估系统的建立

1．建立方法

（1）管理人员主观评定。由管理人员确定采购业务的目标和策略，并把这些目标和策略应用于采购活动。

（2）专家评定。采购活动的目标由具有丰富采购经验的专家来确定。

（3）时间序列分析。采购绩效目标的评价以历史数据为基础，根据过去的行为来推断将来的行为，并假设过去活动中某种趋势将会在未来几年内持续下去。

（4）同行业不同企业之间的比较。以一个特定背景的采购组织为参考，作为比较的依据。同行业不同企业之间的比较使用得越来越广泛，并且已被普遍认可。

企业通常是在一段时间内对特定的方法进行追踪分析，从趋势分析中可以形成标准和规范，如通过对历史数据的推测分析，形成一个系统化的绩效评定系统。

2．建立步骤

（1）通过细致的分析，管理人员必须决定哪些活动最重要，并且要保证评价活动的公正。

（2）必须决定数据报告的频率和格式，以及哪些人员将承担这些职责。

（3）一旦前面的决定已经作出，就要形成一个系统化的程序来收集在评价过程中可能使用的大量的历史数据和统计数据。

（4）管理人员必须找出这些数据之间的相互关系以及分析手段和目的

之间的联系，同时区别采购效果和采购效率。

（5）进入分析阶段，对每一种方法进行分析并作出相应的改进。这一阶段要避免使用非常复杂的和庞大的测量方法，简单是关键。

（6）在执行的过程中，通过适当的随访，定期向使用者报告结果。

整个过程可以自我完善。在形成和实施制订的标准和计划后，要对产生的结果重新进行审视，对已经形成的标准和方法不断地进行提炼和改进，这样数据的收集、分析与方案的提炼改进就形成了一个精确而复杂的循环。

（五）采购绩效评估指标体系

1. 采购价格绩效指标

这里的价格绩效指标主要是用来衡量采购的有效程度。在供应链管理的环境下，价格绩效的新增指标具体有以下两方面内容。

（1）达成的目标价格。目标价格是确定外部客户愿意购买何种产品或服务，然后为组成产品和服务的零部件、装配件和系统分配特定的目标成本的过程。目标价格用下面等式确定允许的成本。

目标价格－目标利润＝允许成本

（2）不同运营单位之间采购价格的比较。生产相同产品项目的工厂、部门或企业单位之间也可以进行实际价格的比较。这些比较提供了确定企业内采购价格差异的机会，说明了哪个单位获得了最优价格。比较活动也能帮助确定各单位间最经常进行的采购项目。

2. 采购工作量绩效指标

工作量绩效指标是全部工作的效率指标，主要是用来帮助管理者确定采购部门的工作量水平和提供人员安排表，工作任务的信息或人员增减理由。在供应链管理的环境下，采购工作量绩效指标具体包括以下三方面的内容。

（1）准备进行的工作量。准备进行的工作量指标是指对一段特定时间内接收，但还没有进行或安排的工作进行简单计量。这些指标确定在一段时期内需要接受的新采购工作，具体包括接到的采购要求、接到的采购或工程变化的清单和接到的项目价格要求。

（2）过程中的工作量。这是指确定采购中正在进行的工作的数量。所有还没有完成的工作都属于过程中的工作。这一类指标具体包括公开已有的采购要求、等待采购的项目以及公开采购的订单。这些指标有助于管理者了解目前大致的工作量水平。

（3）已完成的工作量。这是指一段时间内采购部门完成的工作数量，包括已订购的采购订单、已采购的项目、已经订购的数额、已签的合同以及已经做的价格建议。这一指标有助于提供不同时点上采购活动的比较。

3．采购效率绩效指标

这里的效率绩效指标主要用来衡量采购投入和采购产出的相关性，能帮助管理者确定资源消耗水平或确定完成采购任务的所需资源。在供应链管理的环境下，采购效率绩效的新增指标具体有以下两方面内容。

（1）采购管理的前置期。采购组织关注采购管理的前置期，这里的前置期是指从得到采购需求到向供应商发出采购订单的时间。提供满足内部客户要求的服务是采购部门的职责。追踪前置期的效率是衡量采购部门服务水平的一种方法。

（2）双因素指标。这种类型的指标包括一些联系采购部门的产出与资源投入的衡量指标。这些指标是产出对投入的比例或平均数。如每条项目生产线的工作时间、每份采购订单的工作时间、每份合同的行政费用、每个采购人员的总采购量、每个采购人员所保持的供应商数目或每个采购人员的采购运营费用。双因素指标必须把一定的产出与投入联系起来。

（六）改进采购绩效的措施

1．评定采购工作效率措施

采购工作效率的计算公式为：

采购工作效率＝（期间物料成本总额／期间工作总人数）×100%

通过以下改进方法可以提高采购工作效率。

（1）调查同行业平均水平和最高水平，分析研究，寻找差距。

（2）大多采购工作效率数值正常度与采购流程设置的合理性有关。流程简单实用，采购工作效率就会提高。

2．测定供应商流动比率

供应商流动比率的计算公式为：

供应商流动比率＝（年流入／流出供应商）×100%

供应商流动比率取值范围有待研究，总体上应保证采购业务的正常开展，机械、电子、软件的供应商流动比率各不相同。

（1）供应商流动比率常值＜20%，理想数值为零。

（2）和设计工艺人员一起研究，通过改变元器件参数，或加工工艺方法，提高物料的标准化程度，使物料能找到更多的供应商。

（3）对垄断技术供应商尽量不采用，仅非常必要时才发展独家供应商。

（4）独家供应商比率在某种程度上也反映企业产品技术的层次。新专利、新技术组件独家供应的程度较高；反之，一般技术的物料不会产生独家供应商。

3．测定人员流动比率

人员流动比率的计算公式为：

人员流动比率＝（年流入／流出人数）／总人数×100%

采购人员进出比率取值范围应是 7%～15%，总体保持平衡，并与业务需求相匹配。

（1）若采购人员进出比率＜7%，则可能出现思想、技术老化等问题，进而影响采购质量、成本、供应及时性等。

（2）若采购人员进出比率>15%，则可能因为采购技术的交替传播环境不成熟，从而导致工作人员采购操作熟练程度不够等问题。

4．提高库存周转率措施

库存周转率的计算公式为：

库存周转率＝（年销售额／年平均库存值）×100%

提高库存周转率的措施如下。

（1）根据市场预测计划和采购市场的供应行情，及时进行采购资源抢占，以支持市场的销售计划，减少材料。

（2）掌握产品的生命周期，对需求不大的老产品，采购计划的制订要小心谨慎。

5．提高紧急订单完成率的措施

紧急订单完成率的计算公式为：

紧急订单完成率＝（紧急订单及时完成数／紧急订单数）×100%

提高紧急订单完成率的措施如下。

（1）选择具有先进设备的供应商，将能提供高的紧急订单完成率。

（2）备货是一种快捷反应方式，对市场上的急单可以及时满足。

6．质量改善措施

质量的好坏，多用“不合格数与合格数的比率”来衡量。因此，可以采取以下几种办法。

（1）依据质量比率大小对供应商进行排名，并定位出前几名最差供应商，令其在规定的时间内进行改善，否则降级处罚。

（2）对有希望的供应商帮助其进行质量改进，派出相关技术人员、质量管理人员、采购人员等组成的小组，现场分析研究，与其一起制订改善方案。

（3）帮助供应商推行 ISO 9000 标准的实施。

7．挑选供应商措施

挑选供应商，多采用“及时供应率”来衡量供应的好坏。其计算公式为：

$$及时供应率=（生产物料及时供应数 / 生产物料需求总数）\times 100\%$$

可采取的改进方法如下。

（1）依据“及时供应率”数值大小对供应商进行排名，定位后几名最差供应商，分析原因所在，对由供应商原因造成物料供应不及时的，责令供应商限期改善。

（2）对于属于计划原因造成物料供应不及时，应和计划部门一起商讨对策，如在需求时间上作优化调整以及通过预测需求等手段加以改善。

（3）对于市场行情较好的物料，其稳定性要求较高，应提前一段时间向供应商作预测提醒，以便供应商安排适量的库存。

（4）如有可能，对地址较近的供应商应优先选取，方便进行供应协调。

8．成本降低措施

（1）按照“比率”对供应商进行排名，对后几名最差供应商的合同价格的合理性进行分析研究，定位原因所在，并令其限期改进。

（2）对表现较好、没有欺诈行为的供应商，通过帮助其改善加工工艺、包装运输方式等途径来降低物料成本。对于有欺诈行为的供应商，要进行罚款、警告、降级直至除名等处罚。

（3）对于确实无法进行成本改进的物料，重新调查其社会供应群体，认证新的供应商群体。

9．增加采购柔性

采购柔性的计算公式为：

$$采购柔性=1-\frac{生产高峰供应及时率-生产低峰供应及时率}{平均供应及时率}\times 100\%$$

通过以下措施可增强采购柔性。

（1）向供应商群体的投单量不大于供应商群体订单容量的 60%。

（2）拓展生产物料供应商，重点物料保证由 3 家以上供应商供应，避免采取独家供应商或生产饱和的供应商供货。

（3）加强对社会供应群体的调查研究，认证适量的供应商作为备用。

10. 评价服务措施

针对具体物料供应商设计“服务问卷调查表”，根据以下8项，通过打分方法获得供应商的服务指标量化数值，包括：物料维修配合、物料更换配合、设计方案更改配合主动性、合理化建议数量、上门服务程度、公正性竞争表现、使用培训表现和服务意识。

11. 衡量实力措施

针对具体物料供应商设计“实力问卷调查表”，根据以下8个方面，通过打分方法获得供应商的实力量化数值，包括：技术水平、管理水平、设备厂房环境配置、样件质量、二次开发能力、指标稳定性、合作意识和沟通能力。

12. 确定订单周期

物料订单周期是在认证人员与供应商签订认证合同时所确定采购物料从下单到完成入库的时间差额。

（1）机械、电子、软件类物料采购周期不尽相同，应针对不断变化的实际情况，实地考察物料的生产流程和工艺方法，兼顾包装运输环境等情况，制订较为切实可行的订单周期。

（2）将订单周期作为谈判条件之一，并在认证合同中反映出来。

第二节 采购管理绩效的权衡分析及评估系统

一、采购管理绩效的权衡分析

绩效评估的关键问题之一，是它们往往会促进符合个人利益的行为，而非符合集体利益的行为。此外，企业战略和职能目标之间的评估可能会出现不一致的情况。绩效评估必须与企业目标保持一致，同时也要与不同业务单元和职能的目标保持一致。目标是正确行为的驱动力。长期以来，采购都被认为仅关注定价，而完全无视其他部门的目标。采购会进行大批量购买，从而获得低价，却不会考虑是否会影响最终库存，或者如果这些库存产品过时了会发生什么。当采购行为不符合企业的利益时，库存和 SKU（stock keeping unit，库存单位）都会增加。

为了克服绩效评估系统中固有的一些问题，许多企业开发了适用于整个企业的联合目标和绩效评估方法。例如，成本节约目标通常必须与其他业务部门或职能部门一起确定。然后，采购负责实现这些成本节约目标。

新产品的发布对企业来说是具有挑战性的，因为它们很难管理并跨越许多部门。其中一项指标与新产品是否及时发布有关，这将迫使所有不同的职能部门一起工作，并分配资源辅助新产品的发布。每个职能部门都要将这些指标纳入个人绩效指标中。

以下是一些评估是否准时推出新产品的关键指标，产品推出的准时度评估指标如下。

（1）上一年度推出的产品的销售百分比。

（2）产品上市时间（天数）。

（3）按预算投放的产品。

（4）按时投放的产品。

（5）新产品研发成本占比。

在供应链中，存在许多性能上的权衡。平衡这些方面需要各职能部门齐心协力，将重点放在供应链的优化上，而不是某个特定职能的优化上。这说起来容易，实施起来难。权衡通常需要围绕成本、服务和质量进行。然而，由于监管要求越来越严，全球变暖也越来越严重，还有一种权衡——碳排放需要被纳入清单。

企业需要在环境标准较低的国家实施长途空运、小批量生产、准时化生产和能源密集型生产等战略，从而获得竞争优势并满足客户日益增长的需求。这些战略的重点通常是优化整个企业或者优化供应链效率。正如“战略成本管理”部分所述，库存水平和库存成本的问题被推给了供应商，企业很少或根本没有考虑这些问题对供应链的影响。牛鞭效应也有类似的影响。糟糕的计划和糟糕的客户关系在上游供应链中会产生额外的成本。

将碳排放也纳入服务和交易的权衡中，意味着企业必须重新思考供应商群体的地理位置、运输方式、制造过程等。最终的目标应该是优化供应链产品、流程、信息和现金流，同时对成本、质量、服务和碳排放这四项进行权衡。而这种权衡需要随着不断变化的法规和客户需求进行迭代，这也意味着权衡这些方面将变得更加复杂。优化需要进行整体分析。权衡应该根据它们之间的关系以及对绩效目标的影响来进行。有许多方法可以同时改善成本、碳排放和其他性能指标。不同选择方式下的权衡模型见图 6-1。

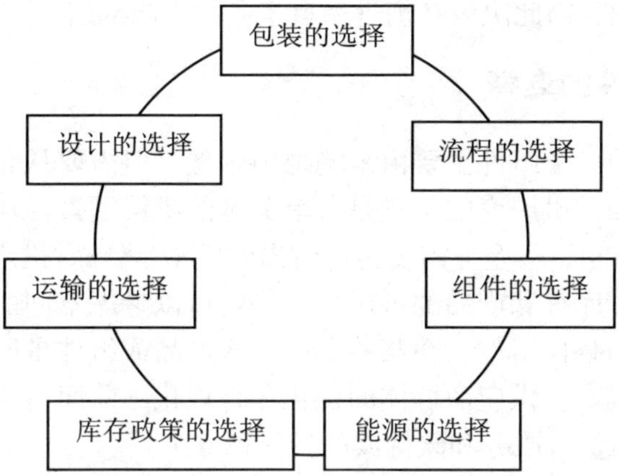

图 6-1　提升绩效的权衡选择

在每种选择中，你可以评估许多影响成本、质量、服务和碳排放的权衡问题。再次强调，关键是要从整体上看待这个问题，并尝试理解每一种变化对供应链的影响，以及如何管理这些权衡。以下是帮助完成绩效的各个权衡选择的具体说明。

（一）设计的选择

在设计产品时必须考虑多种方案。整个产品开发团队需要意识到设计决策对供应链优化的影响。企业需要考虑产品材料的选择、耐用性和可升级性等因素。包装和运输问题应该是最初设计时需要考虑的一部分，而不是事后才考虑。监管机构正在实施许多与“召回”相关的法律，因此考虑产品拆卸的便利性、可回收性和可处置性是很重要的。甚至产品开发的过程也可以转变为虚拟的模式，以减少活动范围。

（二）包装的选择

包装垃圾是一个世界性的问题，各企业也正在制定目标，以消除或减少生产过程中产生的垃圾。企业应考虑诸如包装尺寸、包装材料、包装材料的重复使用和回收利用，可以思考一些新的运输方式，从而节省包装，并减少装配说明、使用手册这类也很浪费材料的文件。

（三）流程的选择

流程的选择主要关注计划、采购、制造和交付产品给客户的过程。这包括订单履行、制造、运输、质量控制、需求和供应计划。流程在很大程度上是跨职能的，因此决策和衡量来自企业的不同部门。

（四）组件的选择

构成产品的各个组件主要由采购部门管理，但需要从企业的其他部门获取信息。例如，供应商的位置是一个关键的决策因素，通常很容易找到较低的供应商价格，但企业需要为此付出的成本是什么?供应商的地理位置也会影响运输、库存和产品的可用性。采购可以考虑不同的材料或使用不同的工艺制成的替代组件。在某些方面，将产品或组件带回企业内部有助于更好地管理成本。供应商群体的优化和合理化（前面讨论过这一部分）是改善成本、质量、服务和碳排放的另一种方法。

（五）能源的选择

能源包括以化石燃料（如石油和天然气）为基础的替代能源、可再生能源（如太阳能和风能），以及其他能源（如核能和地热能）。企业需要寻找这些替代能源，并努力减少化石燃料的使用。企业还应该寻找那些致力于减少化石燃料的使用并减少能源的供应商。在过去 10 年的时间里，英国石油公司在替代燃料的使用上投资了 80 亿美元。西门子是一个获过奖项的可再生能源企业和开发者，专注于风能、分布式和混合能源、水能、太阳能和生物质能源。

（六）库存政策的选择

物流供应商、营销人员和采购专业人员长期以来在库存政策上存在分歧。企业需要考虑与安全库存、批次大小和规划频率有关的政策。规划范围和变更政策对库存水平有重要的影响。供应商和客户的补充计划也应该是权衡评估的一部分。

（七）运输的选择

运输对成本、质量、服务和碳排放有很大的影响。运输行业的温室气体排放总量占美国温室气体排放总量的 28%，是仅次于电力行业的第二大排放源（见图 6-2）。如果将这个问题扩大到全球范围，那么这个问题的影响会更大。配送中心的地理位置和获取所需产品的方式也会对温室气体排放产生影响。装运频率、分批装运、装载合并和路线也可能会是一个问题。

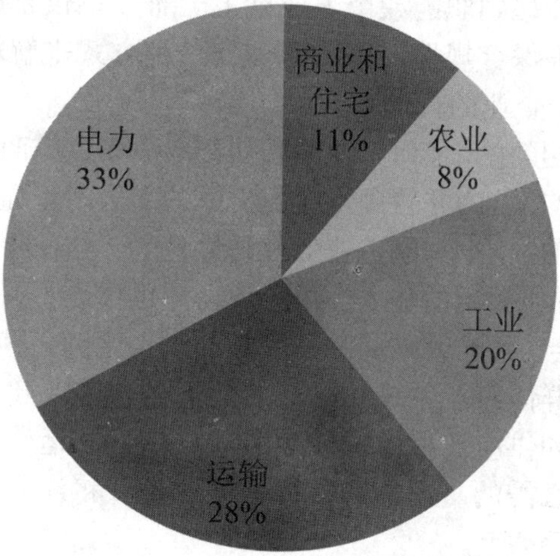

图 6-2　美国各行业的温室气体排放量占比（2011 年）

显然，在试图平衡成本、质量、服务和碳排放等指标时，企业必须权衡考虑很多方面。企业必须从供应链整体角度进行考虑，并从整体层面去思考奖励的机制，以及需要制定的指标，并考虑这样的机制可能带来的结果。企业需要建立适当的目标，这些目标需要与各部门的目标一致。企业所面临的挑战是找到一种混合的绩效评估方法，将不同职能的目标结合起来。

二、供应链管理绩效的评估系统

（一）供应链管理绩效的评估

采购是企业战略和业务成功的主要贡献者。企业战略和职能战略应该保持一致，采购通过实现特定的目标和有效地管理供应商群体，为内部和外部客户创造价值，从而直接为企业战略做出贡献。

彼得·德鲁克（Peter Drucker）有句名言："如果你无法有效地评估某件事，你就无法管理它。"这也适用于复杂的采购和供应管理领域，这意味着所有的过程，包括战略采购、谈判、成本削减、客户和供应商管理，都必须根据目标、基准或在指定的范围内进行评估。通过评估价值贡献和评估结果，企业可以采取适当的措施来激励、奖励或培养员工，提高员工的效率和工作质量。

采购者必须确保所做的贡献能够影响企业的顶层和底层，并有助于实现企业的战略目标。通常，建立绩效评估机制会导致产生错误的行为，并将焦点从战略结盟转移到职能或个人成就上。难点不仅是确定评估什么、如何实现以及如何确保合规性。采购者需要一种方式来解释这些措施，并根据结果采取有利于企业的行动。

在当今的竞争环境中，任何企业的成功都取决于供应商群体的能力，以及采购者有效利用这些能力并管理供应商群体的能力。正如前面所讨论的，企业的大多数非战略性活动和制造业务都是外包的，这使得企业需要依赖供应商群体来为产品提供关键的输入。供应商群体也代表了一个收集新技术和其他创新信息的机会，用于采购商品和服务的收入比例会继续增加。

考虑到供应商群体对竞争成功的重要性，企业需要建立适当的评估标准来评估采购职能和供应商群体的绩效。战略指标和运营指标是有效管理职能绩效和贡献所必需的。评估和目标有助于企业将注意力集中在对实现企业目标最重要的活动上。

评估和目标还必须与各种业务单元、各种企业职能保持一致。这些联合的评估标准对于指示优先级、提供动力和跟踪进度是必要的。采购的大部分工作是在跨职能团队中进行的。较好的评估方式可以帮助采购将注意力集中在业务单元和地理位置上。采购必须清晰、可靠、有效地传达其对企业整体业务成功的贡献。

（二）供应链管理绩效评估系统及架构

有很多研究试图找出理想的评估系统。许多框架（如平衡计分卡）已经被提出并使用了较长的时间。理想的评估系统中，主要基本准则如下。

（1）支持企业的运营目标、关键成功因素以及项目。

（2）提供一套尽可能简单的措施。

（3）揭示如何有效地满足客户的需求和期望。

（4）允许企业各个部门的成员了解他们的决策和活动是如何影响整个业务的。

（5）支持企业学习和持续改进。

（6）提供不同企业可以通用的措施，从而保证目标和行动一致。

指标应以行动为导向并且具有及时性，还应根据适当的级别调整评估指标。在企业的较低级别中，指标需要有助于产生即时的、可操作的解决办法。在中级管理层，指标应该有助于运营过程或焦点的变化。对于高级管理层而言，指标需要能反映为实现目标而做出的战略改变。

许多企业在评估过程中想找到既全面又有意义的指标。一种方法是开发一个计分卡来评估对企业、战略业务单元和其他职能部门以及采购非常重要的领域。这种计分卡包含的类别分为定量的和定性的，并且各个类别包含许多单独的指标。这种计分卡包含的一些主要类别见表 6-1。

表 6-1　用来评估采购绩效的计分卡包含的主要类别

计分卡包含的主要类别	描　述
股东价值提升	以财务为导向的度量方法，关注企业的顶层和底层。
作为业务伙伴进行采购	与内部客户合作以满足他们的需求。
采购的生产力	效率指标、交付、库存和质量，这包括关键策略的执行和持续改进。
人才管理	与人相关的措施：是否正在招聘和发展员工，员工是否满意。

其他一些指标能将供应商整合到企业和供应链中。其中一个指标是供应商的相对价值指数，它包括支付给供应商的金额、质量成本、灵活性成本和风险成本。这比较了支付给供应商的金额和供应商对业务的影响。

各企业还制定了政策，以确定采购的真正价值。在大多数情况下，这些都与成本节约有关。然而，成本节约必须被企业内的其他人认为是有效且可信的。换句话说，采购必须采取一些措施，以减少开支或节约成本。

第三节　采购管理绩效的采购职能及评估指标类型

一、采购管理绩效的采购职能

采购绩效可以根据采购的职能需求来衡量。采购的主要职能是在有需求的时间段内以尽可能低的成本提供合适的项目。由于很多因素（如供应商稳定性、材料质量问题和供应商折扣等）没有被考虑在内，目标很难实现。

二、采购管理绩效的评估指标的类型

许多不同类型的评估指标已应用于供应链管理领域。这些评估指标主要分为效率指标和效果指标两个类别。这些指标都将采购的重点集中在满足企业的目标、业务单元的目标和其他职能或部门的目标上。下面会分别讨论这些指标以及具体的综合措施。绩效评估的难点，就在于它不是一个放之四海而皆准的过程。评估采购职责的战术方面相对比较简单。然而，评估采购与其他职能或团队的参与度是很难实现并进行管理的。

（一）效率指标

效率的评估标准是“做正确的事情”。行政成本是评估采购效率的基础。这类评估与采购部门在根据预算执行的活动中的表现有关。如果采购成本在预算之内，采购部门的效率就会超出预期。这类评估通常与价格和部门运作效率有关。将这些计算结果与以前类似时期的数字进行比较，有助于评估供应职能的效率。这里的绩效评估包括材料价格降低的程度、运营成本和订单处理时间。采购价格差异在前面的章节讨论过，这是一个典型的采购效率指标。

（二）效果指标

效果指标也与“做正确的事情”有关。由于价格的市场波动和库存的季节性变化，效果的评估更具挑战性。效果指标主要评估某件事情做得有多好。这些指标包括评估终端用户的满意度，利润、收入增长的幅度或资产管理的直接和间接贡献，还可能包括供应商关系的质量或内部客户满意度。

第四节　综合评估采购绩效的指标

（一）净资产收益率

净资产收益率（return on net assets，RONA）考虑固定资产（如房地产和机械器材）和净营运资本（如流动资产和流动负债）。RONA 越高，企业业绩越好。企业的大多数职能都会影响计算 RONA 时所考虑的因素。为了提高 RONA，企业需要定期引入满足客户对特性和价格的需求的新产品。现有产品的成本也需要降低，同时保持利润率。还有一部分内容是管理净资产。为了利用改进的 RONA 来进行采购，各业务部门必须一起确定成本节约目标。

（二）总持有成本

总持有成本已经在前面的许多章节讨论过。一些企业会跟踪各个成本组成，其中包括从产品的原材料一直到最后零售门店的成本，还包括在强制召回或处置的情况下产品的逆向回流。但是，使用总持有成本作为业绩评估指标涉及许多资源和投入，因此应仔细考虑各个组成部分对总持有成本的重要性。

跟踪在总持有成本中占比较小的成本因素是可以的，更重要的是，企业需要很好地理解在总持有成本中占比较大的因素是哪些。另外，如果想比较不同时间点的成本情况，需要控制变量，保证进行比较的因素是相同或类似的。总持有成本是一种综合的评估方法，在确定供应来源以及评估和管理业绩时都可以使用它。

（三）技术和创新

这可能包括供应商的新技术，以及供应商对产品和工艺改进的建议。在这一类别中，供应商每年在研发上的支出以及申请和颁发的专利数量也是一个需要考虑的问题。这还可能包括提高采购部门效率的技术：EDI、电子采购系统、供应商管理库存和其他技术创新过程。

（四）可用性指标

不仅包括订单的时间和数量，还包括库存的可用性。当库存成为各个职能部门需要度量的一种指标时，员工就不太可能有机会为了自己的最佳利益工作。

（五）质量指标

包括定量的质量指标、用户调查和供应商质量认证计划。这对于许多方面来说都是一个很好的评估标准。例如，采购就是要找到合适的供应商，工程则是设计一个产品并达到合适的质量水平。

（六）客户满意度指标

采购的内部客户指标很重要，这些客户服务指标包括合同执行时间、客户满意度、合同流程满意度、采购和客户沟通、响应和合作、采购知识和能力、整个采购团队的绩效，以及内部和外部客户满意度调查结果。

以下是用于评估采购绩效的许多指标的汇总。这里列出的并不是全部，但是包括了许多常见的指标。

（1）市场价格趋势与支付给供应商的价格的比较。

（2）成本和价格差异。目标价格措施、成本降低措施、成本规避。

（3）运输成本。

（4）与实际相比，预期的交货时间和交货期。

①按时交货（供应商交货表现）。

②完整交付。

（5）库存措施。

①库存采购价格。

②存货投资变化、存货周转率。

③库存的保留和报废成本。

④计划库存与实际库存的对比。

⑤填充率、库存准确性。

（6）品质。

①每百万零件不合格数。

②不合格产品的百分比和数量。

③客户质量事故。

④因质量问题向供应商追讨金钱。

⑤不合格产品的影响和成本。

⑥质量体系改进。

（7）改变订单处理。

（8）采购订单下达。

（9）员工工作量和生产力。

（10）采购订单的平均成本。

（11）运营成本占采购总额的百分比。

（12）运营成本占总销售额的百分比。

（13）部门实际运营成本与预算的比较。

（14）获得现金折扣和损失现金折扣。

（15）内部客户满意度。

（16）可能影响供应的关键供应商问题。

传统的评估方法和评估系统存在许多共同的问题。其中一个重要的问题是，目标的年度分配往往会阻碍持续改进过程。许多评估指标也易于开发和管理，但是它们不会导致实际的流程改进，例如评估发出的采购订单的数量，这类指标对小订单和更频繁的交货等行为有利。另一个问题是，这类指标往往会产生相互冲突的结果，因为它们在整个企业中是不一致的。

现有的许多措施是战术性的，而非战略性的。

【案例分析】

艾德西点连锁公司采购绩效

艾德是艾德西点连锁公司的业主。公司从一家面包店起家，逐步发展到遍布全国的连锁企业，发展势头良好，现拥有 97 家店面和 10 个烘焙中心。鉴于公司良好的发展势头，艾德决定进驻更为高档的闹市街区，扩展业务范围，增开咖啡店和外卖服务，从而使营业额和利润稳步增长。

公司目前情况如下。

一、配餐供应。咖啡店配套产品的供应源搜寻与供应比较复杂，范围大大超出原有西点烘焙的采购。西点烘焙的采购主要是面粉、油脂和调味品；而咖啡店的采购范围更大，包括易腐坏物品和不易变质的物品。这些物品通常由大型厂家和批发商以大包装的形式批量供货。有些易腐品需要冷藏，且都有保质期限。咖啡店的灌装产品是用 24 听一捆的塑料薄膜包装，又笨又重。部分产品诸如鸡蛋和火腿从就近的小规模专业农户和其他供应商处采购。公司希望它对当地小型厂家的支持能广为人知，以提高公司在企业社会责任方面的声誉。

二、公司总部。公司总部设有一个仓库，批量货物在运往各个门店之前被运送到这个仓库进行储存。艾德西点连锁有两辆喷有公司标志的货车，并聘用了两名司机，在工作日期间隔日轮流送货（工作日为周一至周六）。总部同时也负责履行集中管理职能。

三、门面的当地采购。艾德西点的部分采购由门店经理和首席烘焙师在本地进行，他们有时冲着自己选择的供应商购买，有时向中央仓库订购。各门店之间通过电话和电子邮件进行联系，但是没有将各店的销售额、订单与库存数据库等信息相联结的系统。其他本地的日常采购包括管理和后勤方面需要的小商品，比如纸袋、文具等。

四、新采纳主管。艾德认为公司需要一个新的采购主管，并正在积极寻找一个合格的专业人员来担任这个职务。艾德正在起草招聘广告的职位描述，她很清楚，她需要这个新主管能从根本上改进公司的采购绩效，从而很快为公司带来收益。

第七章　供应链物流管理绩效

第一节　供应链管理下企业的物流网络

一、物流网络与供应链管理的研究

（一）物流网络与供应链管理的区别

物流网络属于供应链管理，与供应链管理存在一定的区别。

（1）在管理内容方面存在不同。供应链管理涉及产品从原材料采购到最后销售出去的全过程，而物流涉及到的只有原材料和零部件在生产过程中各个环节之间以及各企业之间的流动，不涉及产品的制造过程。

（2）二者涉及的价值有所不同。物流网络管理同供应链管理在产品的价值产生和增加的过程中扮演着不同的角色。其中，供应链管理涉及产品从原材料制造到产成整个过程的增值过程，而物流网络只涉及企业之间的价值流过程。

（二）物流网络在企业供应链管理中的作用

在传统的生产和采购模式下，物流对企业的生产起到的是一种支持作用，而随着现代企业生产方式的改变和生产理念、采购模式的改革，物流在企业运营的整个过程中的作用和地位也越来越突显。物流网络必须具有与制造系统相当的能力，才能和制造系统相辅相成，共同发展，从而推动整条供应链的顺利运行。物流网络在当今的供应链管理中具体发挥了创造用户价值，降低用户成本；协调制造流程，提高企业反应速度；提供用户服务，建立企业形象；及时反馈信息，缓解供需矛盾等方面的作用。

二、供应链管理下企业的物流网络的特征和策略

（一）供应链管理下企业的物流网络的特征

在供应链管理模式下，物流网络的环境发生了变化，也在新的管理模

式下显现出新的特点。

1. 供应链下的企业物流网络环境

供应链的管理思想产生于新的企业竞争变化中，是一种有竞争环境的改变而推动的企业管理模式的创新。从20世纪70年代到21世纪初，企业之间的竞争从成本到质量再到交货时间，最后变成了反应速度的较量。各企业想要通过单一的企业管理模式在越发激烈的竞争中占有一席之地已经越来越难，而是需要通过不断提高自身的反应能力，随时应对市场和用户可能出现的变化，才能在激烈的竞争中站稳脚跟。供应链管理模式就在这种大环境下应运而生。而在这种供应链的管理模式下，企业需要对整条供应链上的所有环节进行协调和控制，从而从传统的资源约束中解放出来，去开发新的竞争优势。在这种管理模式下，物流网络在整条供应链的运行中开始扮演越来越重要的角色，起到越来越重要的作用。总结来说，供应链环境下物流网络环境的变化受到各种因素的影响，其特点我们可以通过表7-1来了解。

表7-1　供应链管理环境下的物流环境特点

竞争需求	竞争特性	物流策略要素
对顾客化产品的开发、制造和交货速度	敏捷性	通过畅通的运输通道快速完成交货
资源动态重组能力	合作性	通过互联网技术获得信息共享和知识支持
物流管理对变化的实时反应能力	柔性	多种形式的运输网络和多点信息获取途径
用户服务能力的要求	满意度	多样化产品、亲和服务、可靠质量

2. 供应链下企业物流管理的主要特点

由于企业管理模式的改变，新的物流思想和传统的物流管理之间产生了越来越多的差异。

（1）传统的物流管理。首先对传统的物流管理情况进行分析，图7-1所示为传统的物流供应链的模型。从图7-1可以看出，在传统的物流管理中，需求信息和反馈信息都是逐级进行传递的，由于信息在传递过程中需要经过太多的环节，导致上级供应商无法及时得到市场的需求信息，从而导致供应商对市场需求的反应速度很慢。同时，传统的物流管理并没有将整条供应链看作一个有机统一的整体，而是采取分开管理的方式，这就导致了部分产品库存过量而部分产品需求无法得到满足的情况，这在很大程度上影响了企业的生产环节，造成了企业经济效益的损失。

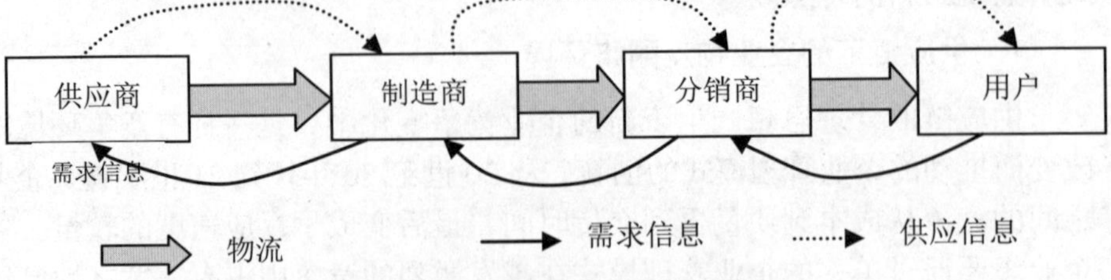

图 7-1　传统的物流供应链模型

传统的物流管理的特点主要表现在：传统物流管理是一个纵向一体化的系统；传统的物流管理缺乏合作，形成的供需关系不稳定；资源利用率低，企业的有限资源并没有得到合理、科学的使用；信息利用率低，市场需求信息不能得到充分、及时的共享。

（2）供应链管理环境下的物流管理。供应链管理模式下的物流管理见图 7-2。

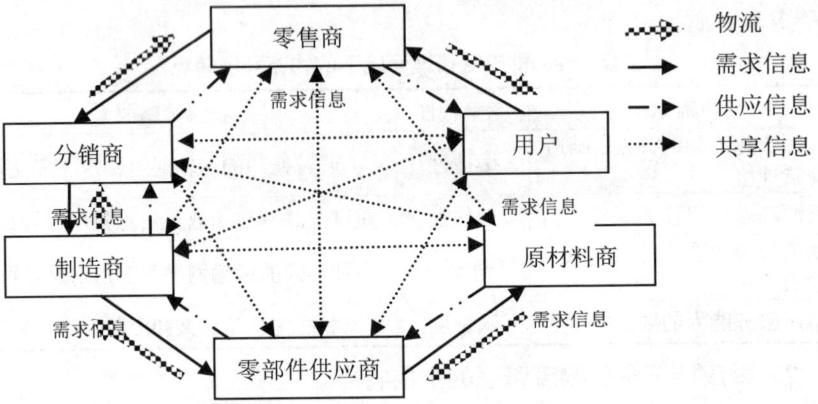

图 需求信息 Z链的物流与信息流

从上图中可以看出，与传统的物流管理模式相比，在供应链下的物流管理中信息流的比重得到了大幅增加。需求信息和反馈信息的传递也不再是逐级传递了。在这个物流管理系统中，需求信息、供应信息和共享信息由于充分运行都得到了合理的利用。具体来说，在供应链管理模式下的物流管理的特点主要表现在以下几方面。

（1）共享信息的增加。共享信息的增加对于供应链管理来说十分重要。信息的共享使得整条供应链上的所有企业都能及时获得关于市场需求及用户反馈等信息，并且所有企业都能随时掌握供应链的运行状况。供应链上每个环节的信息的共享和交流使得需求信息不会再出现失真的现象。

（2）规划物流网络能力的增强。规划物流网络能力的增强也是供应链管理模式下物流特征的一大体现。在供应链环境下对物流网络进行规划，要充分利用第三方物流管理以及代理运输等方式来缓解库存的压力、提高库存安全水平、减少物流成本。

（3）作业流程的快速重组。作业流程的重组是指在物流网络管理中消除对增加产品价值没有作用的环节和时间，从而进一步降低物流成本，给供应链反应速度的提高和精细化的运作提供保障。

（4）跟踪信息能力的加强。跟踪信息能力的加强，能在很大程度上提高供应链物流管理的透明度，同时也给企业对物流过程进行实时监控提供了条件。

（5）合作性与协调性。合作性与协调性是供应链下物流管理的一大重要特征。物流管理的无缝连接是协调性和合作性发挥作用的重要前提，因为只有实现无缝连接，供应商的产品才能及时送达客户手中，客户的需求才能得到满足。

（6）灵活多样的物流服务。在供应链环境下，物流管理提供的服务越来越多样和灵活，这个特征满足了不同消费者的不同需求，提高了客户对物流服务的满意度。通过信息的共享，企业可以及时获得来自供应商和运输部门的关于用户需求的反馈信息，从而调整产品和服务项目，提高企业对市场和用户特殊需求的反应能力。

（二）企业一体化物流管理的策略

20 世纪末，一体化的物流管理成为最具影响力的物流趋势之一。一体化物流管理是指不同的企业或职能部门之间为了达到降低物流成本、提高物流效率的目的而进行物流上的合作。

一体化的物流管理主要包括三种形式：垂直一体化物流管理、水平一体化物流管理以及物流网络。其中应用最为广泛的是垂直一体化物流管理。

1．垂直一体化物流管理

垂直一体化物流管理对企业的要求是：将提供产品或运输服务等的供应商和用户都纳入到企业的管理范围中来，并将物流管理作为企业管理的一项重要内容。在垂直一体化物流管理中，企业应该对产品或服务从原材料的采购到产成品送达用户手中的所有环节进行管理。企业要通过与供应商和用户的合作关系，尽力与他们形成联合力量，从而提高企业的竞争实力。

2. 水平一体化物流管理

水平一体化物流管理是指处以同一行业中的多个企业通过在物流方面的合作来实现规模经济，从而提高物流效率的物流管理。当然，由于在产品的联合采购货运输的过程中，各个企业对产品需求的时间和区域存在差异，为了促进物流合作的顺利进行，物流过程中各个环节的及时信息是管理的重要基础和依据。因此，企业之间可以通过建立信息中心，来保证信息的及时共享和畅通传达。同时，大量的企业参与和大量的商品存在也是水平一体化物流管理可以顺利运行的重要条件。

3. 物流网络

物流网络是垂直一体化物流管理和水平一体化物流管理相结合的产物。当某个一体化物流管理中的每一个环节同时又是其他一体化物流管理中的重要内容时，就构成了物流网络。物流网络是一个开放的系统，企业可以随时选择加入或退出。物流网络经常运用于业务繁忙的季节。

第二节　供应链中的物流组织与管理

供应链中的物流组织包括流入物流、内部物流、流出物流以及逆向物流四大类，在供应链管理模式中，这四大类在物流管理中占据非常重要的地位。

一、企业的流入物流

（一）流入物流的概念

流入物流就是指在企业的经营过程中，为了保证生产的准时进行和精细运作，而进行的对生产原材料、零部件、辅助材料等物品的及时补充。流入物流对于企业的正常生产和高效运行发挥着重要作用。传统的物流组织模式以运输能力和成本为核心，而在供应链下的物流组织则是以成本为驱动。流入物流的组织设计要以整个流入物流网络的能力和成本为重点考虑对象，以降低交货成本为主要目标。

我们通常所说的流入物流就是指企业的供应物流。供应物流的目标就是通过尽可能低的价格获得质量稳定的原材料和零部件。这在很大程度上加大了企业对供应物流管理的难度，为了达到上述目标，企业必须在供应物流的网络、方式以及零库存等方面进行完善和努力。

合理科学的流入物流组织可以有效的实现降低运输成本和库存水平的目标，从而减少企业的人力和物流设备的投入，缓解物流压力。

（二）流入物流的采购管理改善

采购管理的改善是流入物流组织管理中的重要内容。以下几种现象充分反映出企业加大改善采购管理的力度的重要性。

1．采购计划的编制和修改

采购计划员在企业中的主要任务就是根据企业的生产计划进行采购计划的编制。但是采购计划员编制完成的采购计划并不会用来直接进行采购，而是会经过有经验的高层领导的修改和审核。也就是说，对采购计划的编制，还是需要进行层层慎重审核，采购计划对于企业的最终采购和生产都起到了重要的作用，由此可见采购计划的重要程度。

2．计划外采购的出现

企业中经常出现的计划外采购在实际中都需要领导进行特批才能进行采购，但是有些情况下，经过领导特批采购回来的产品或原材料却迟迟无法参与生产。也就是说，在对计划外采购进行审核时，也应该严格参考生产计划。

3．采购成本的控制

企业之间的竞争归根到底就是产品成本的竞争，但是在当今生产设备自动化水平越来越高的环境下，产品生产成本的可调节幅度已经越来越小，那么要想降低企业的整体成本，就只能从采购成本的控制入手。

上述这些现象的出现，都是信息的不通畅和信息得不到共享造成的。由于信息不能及时传递给企业，采购计划才会经过一次又一次的修改；由于市场信息无法及时反馈给企业，才会出现因计划不当而造成采购物品的库存过量的现象。因此，为了避免上述现象再次发生，企业应加强对采购信息的收集力度，对生产计划提出的需求计划、库存量不足造成的库存补给计划以及其他采购需求进行严格监管，保证采购商品都是有效的流入物流。

（三）供应物流的过程

供应物流的过程会因为企业的不同类别、不同供应环节以及处于供应链的不同而存在差异，但是其基本模式大致相同。总体来说，供应物流要经历以下几个流程。

1. 取得资源

取得资源是供应物流的第一个步骤，也是之后所有环节的重要前提。需要获得的资源种类、数量、规格等取决于企业的核心生产计划，同时在进行资源的采购时要充分考虑相应的技术条件和成本条件。

2. 组织到厂物流

组织到厂物流就是将经过多次装卸、搬运以及多种运输方式的货物送达企业门口的过程。而在到厂之前，货物经历的一系列运输过程都属于企业外部的物流过程。

3. 组织厂内物流

与到厂物流相对的是厂内物流，上面一个步骤中“到达企业门口”其中的“门”是企业内外物流的分界点，厂内物流就是指从这个“门”开始继续物流活动，使货物最终到达生产车间的物流过程。

（四）供应物流的模式

企业供应物流的模式主要包括三种，分别是委托社会销售企业进行供应物流的代理、委托第三方物流企业进行供应物流的代理以及企业自己进行供应物流的运营。这三种模式都可以划分为不同的层次，其中供应的主要方式包括供应链方式、准时供应方式、零库存方式等。

二、企业的内部物流

内部物流一般就是指企业的生产物流，企业的生产物流是企业在进行工艺生产中存在的物流活动，涉及企业的生产运作管理，包括原材料和零部件从生产到半成品再到最后产成品的全部流动过程。内部物流的流动过程实际上已经成为企业生产工艺的一个组成部分。

（一）内部物流的库存管理改善

相对于流入物流中的采购管理改善，在内部物流中则是对库存管理进行改善，下面一些实例体现了在内部物流的运行过程中，还是有一些隐患存在。

1. 原材料的库存时间

在一个产品的生产过程中，会涉及到多种多材料和零部件，那么这当中就存在一个问题，那就是这些原材料储存在仓库中多长时间是最为合适的，既不耽误产品的生产，又不会给库存成本带来负担。

2. 库存货物质量管理

很多企业普遍存在这样一个问题，就是对库存商品的质量不进行及时、经常性的检查，这就会导致一些容易发生质量变化的商品在仓库中明明已经发生质变，但是还没有得到处理的情况，并且在企业的产品目录上，变质的产品也不会及时被去除。

3. 对库存报表的忽视

很多企业往往忽略了对库存报表进行及时的更新和整理，这就会导致领导检查商品时不参照库存报表，库存报表的数据和实际数据存在差异等现象的发生。久而久之，库存报表就很有可能形同虚设。这些现象都体现了在内部物流的运行过程中，如果不重视对库存的管理，那么很有可能给企业带来更多的工作量，增加企业员工及领导的压力，同时造成不必要的经济损失。因此，应该加强对物料的配套管理，这是企业管理中非常重要的组成部分。只有物流管理得到了重视和充分保证，才可以实现企业的按需采购、按需储存和按需发货。

改善库存管理，要从两方面进行努力，首先是改善企业的硬环境，其次还要提高企业的软管理水平。硬环境主要是指对仓库的厂房建设、通风状况等进行改善；软管理是指借助科学技术，及时发现管理中存在的问题并加以改正。

（二）生产物流的主要过程

内部物流，也就是企业的生产物流的过程大致可以分为四个环节。

（1）原材料、零部件、燃料等辅助材料进入企业仓库的“门”。

（2）辅助材料正式投入生产并随着生产过程在各个环节中流动。

（3）辅助材料在生产过程中被加工，并且产生一些不会在最终产成品中出现的余料和废料。

（4）生产加工完结，原材料等辅助材料最终被加工为产成品并运至成品仓库。

三、企业的流出物流

供应链中的物流组织中的第三类是流出物流，也就是企业的销售物流。

（一）流出物流的概念

流出物流就是企业的销售物流，是指企业将生产完成的产品的所有权经过销售转给批发商、零售商或用户的流动过程。流出物流是企业经营效益的重要保证。在现代市场完全是买方市场的环境中，企业的流出物流往往带有很强的服务性，这在很大程度上扩展了企业的销售范围，也同样给企业的流出物流管理增加了难度。

在买方市场的背景下，企业的流出物流就是通过包装、送货、配送等一系列的物流流程实现销售，这就给企业提出了加强运输管理的要求，包括送货方式的选择、运输路线的确定以及包装水平的改善。

（二）流出物流的销售管理改善

企业的流出物流组织要从改善销售管理开始，在现实生活中，很多实例体现了销售管理对于流出物流组织的重要性。

1. 销售收入的管理

现实生活中，经常会发生这样的状况，那就是企业的销售部门提供的销售收入和财务部门汇总的应收款之间存在很大的差别，当企业领导面对来自销售部门的销售报表和来自财务部门的财务报表的时候，也很难选择到底应该相信谁。

2. 对特价申请的批复

很多时候，企业领导者实际上在面对员工提出的特价申请时，根本无法做出选择，到底应不应该进行批准，这是由于领导者手中没有相关的有效数据。

3. 对销售和库存的协调

对销售和库存的协调永远是很多企业要面对的重要问题。很多企业往往在销售方面成绩斐然，经常出现供不应求的状况，但是由于不合理的库存分配，使得库存资金大幅增加，企业只能采用贷款的方式进行生产。

从上述案例中可以看出，销售是企业获得经济利润的直接来源，同样也是最容易出现问题的环节。要改善销售管理，可以从管理工具和管理基础两个方面寻求解决办法。

上述案例中应收款之间存在差别的问题存在于很多企业中，针对这个问题，企业可以利用管理工具来解决，通过建立联网数据，让销售部门和财务部门在网络中使用同一套数据，不仅能促进两个部门之间的沟通和资源、信息的共享，而且有助于企业加强对内部各部门的统一管理。

销售过程中另一个较为普遍的问题就是客户的信誉问题，企业要加强对客户信誉的管理，可以通过提高基础数据的方式来实现。企业可以通过外部调查以及内部积累不断完善客户的信息，从而建立对客户的全方位认识。

（三）流出物流的过程

流出物流，也就是企业的销售物流，其在组织过程中往往要经历以下两个过程，我们进行简要概括。

（1）从生产企业的成品仓库出发，经过分销物流，到达分销商手中。

（2）经过配送等流程实现市内和区域范围内的物流活动，到达企业的用户或最终消费者手中。

（四）销售物流的模式

销售物流的组织模式主要包括三种，即由生产企业自主完成销售物流的组织、产品生产企业委托第三方进行销售物流组织的代理以及由购买方自行上门取货。

四、企业的逆向物流

（一）逆向物流的概念

逆向物流就是通常所说的企业的回收物流。逆向物流是一种同传统的供应链完全相反，对原材料、产成品等从消费地开始直到回到企业仓库的全程进行计划、管理和控制的过程。逆向物流的目的是通过对退货产品进行回收和管理，降低企业损失，实现成本下降，提高客户满意度。近年来，逆向物流开始受到业界的普遍关注，在企业已经将可以降低成本的领域都开发完之后，逆向物流的组织为企业降低产品成本又提供了新机会。

（二）逆向物流的分类和特点

1. 逆向物流的分类

按照形成原因、途径和处置方式的不同，逆向物流主要分为六大类，分别是：投诉退货、终端使用退回、商业退回、维修退回、生产报废与副品以及包装。

2. 逆向物流的特点

表 7-2 所示是上述分类的逆向物流的特点。逆向物流是企业价值链中非常特殊的一个环节，因此它在很多方面都与传统的物流存在明显的区别。根

据上述对逆向物流的分类，可以总结出不同种类的逆向物流的特征。

表 7-2　逆向物流的类别和特点

<table>
<tr><th>类别</th><th>周期</th><th>驱动因素</th><th>处理方式</th><th>例证</th></tr>
<tr><td rowspan="2">投诉退货（运输短少、偷盗、质量问题、重复运输等）</td><td rowspan="2">短期</td><td>市场营销</td><td rowspan="2">确认检查，退换货补货</td><td rowspan="2">电子消费品如手机、DVD 机、录音笔</td></tr>
<tr><td>客户满意服务</td></tr>
<tr><td rowspan="5">终端退回（完全使用后需处理）</td><td rowspan="5">长期</td><td>经济</td><td>再生产</td><td rowspan="2">电子设备的再生产、地毯循环、轮胎修复</td></tr>
<tr><td>市场营销</td><td>再循环</td></tr>
<tr><td>法规条例</td><td>再循环</td><td>白色和黑色家用电器</td></tr>
<tr><td rowspan="2">资产恢复</td><td>再生产</td><td rowspan="2">电脑元件及打印机硒鼓</td></tr>
<tr><td>再循环处理</td></tr>
<tr><td rowspan="3">商业退回（未使用商品退回还款）</td><td rowspan="3">短期到中期</td><td rowspan="3">市场营销</td><td>再使用</td><td rowspan="3">零售商积压库存如时装、化妆品</td></tr>
<tr><td>再生产</td></tr>
<tr><td>再循环处理</td></tr>
<tr><td rowspan="2">维修退回（缺陷或损坏产品）</td><td rowspan="2">中期</td><td>市场营销</td><td rowspan="2">维修处理</td><td rowspan="2">有缺陷的家用电器、零部件、手机</td></tr>
<tr><td>法规条例</td></tr>
<tr><td rowspan="2">生产报废和副品（生产过程中的废品和副品）</td><td rowspan="2">较短期</td><td>经济</td><td>再循环处理</td><td rowspan="2">药品行业、钢铁业</td></tr>
<tr><td>法规条例</td><td>再生产</td></tr>
<tr><td rowspan="2">包装（包装材料和产品载体）</td><td rowspan="2">短期</td><td>经济</td><td>再使用</td><td>托盘、条板箱、器皿</td></tr>
<tr><td>法规条例</td><td>再循环</td><td>包装袋</td></tr>
</table>

第三节　物流外包与自营分析决策

一、物流运营模式的选择

企业物流运营模式主要有自营物流和物流外包等。在进行物流决策时，企业应根据自己的需要和资源条件，综合考虑以下主要因素，慎重选择物流运营模式，真正提高企业的市场竞争力。

（一）物流对企业成功的影响度和企业对物流的管理能力

物流对企业成功的重要性和企业物流管理能力是影响企业采取自营物流还是物流外包的最重要的因素，决策状态见图 7-3。

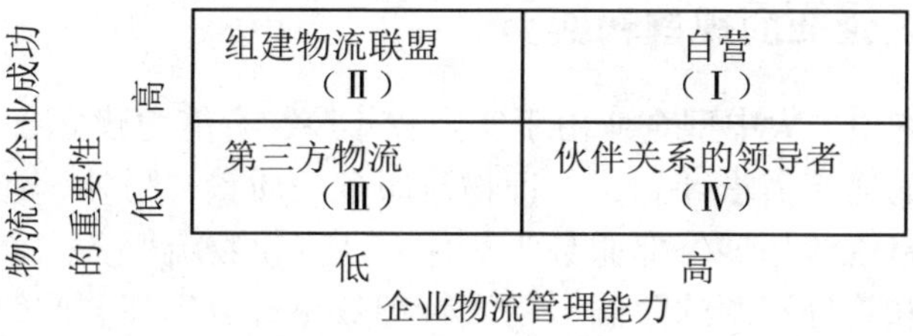

图 7-3　自营物流 / 物流外包决策状态

如果物流在企业战略中起关键作用，但自身物流管理水平较低，对这类企业（Ⅱ）来说，组建物流联盟将会在物流设施、运输能力、专业管理技巧上收益极大。对物流在其战略中不占关键地位，但其物流水平很高的企业（Ⅳ）来说，可能寻找物流合作伙伴共享物流资源，通过增大物流量获得规模效益，降低成本。处于Ⅱ，Ⅳ的企业可以建立物流联盟。

如果企业有很高的顾客服务需求标准，物流成本占总成本的比重极大，自己物流管理能力强，即企业（Ⅰ），一般不会选择物流外包，而采用自营的方式。对那些物流在其战略中地位并不很重要、自身物流管理能力也比较低的企业（Ⅲ）来说，采用第三方物流是最佳选择，因为这样能大幅度降低物流成本，提高服务水平。

（二）企业对物流控制力的要求

越是竞争激烈的产业，企业越是要强化对供应和分销渠道的控制，此时企业应该选择自营物流。一般来说，主机厂或最终产品制造商对渠道或供应链过程的控制力比较强，往往选择自营物流，即作为龙头企业来组织全过程的物流活动和制定物流服务标准。

（三）企业产品自身的物流特点

对于大宗工业品原料的回运或鲜活产品的分销，企业应利用相对固定的专业物流服务供应商和短渠道物流；对全球市场的分销，宜采用地区性的专业物流公司提供支援；对于产品线单一或为主机厂做配套产品的企业，则可以在龙头企业的统一管理下选择自营物流，也可以选择物流外包；对于技术性较强的物流服务（如口岸物流服务），企业应采用委托代理的方式；对于非标准设备的制造商来说，自营物流虽然有利可图，但还是应该交给专业物流服务公司去做。

（四）企业的规模和实力

一般来说，大中型企业由于实力较雄厚，有能力建立自己的物流系统，制订合适的物流需求计划，保证物流服务的质量，另外，还可以利用过剩的物流网络资源拓展外部业务为其他企业提供物流服务。而小企业则受人员、资金和管理资源的限制，物流管理效率难以提高。此时，企业为把资源用于主要的核心业务上，就适宜把物流管理交给第三方专业物流公司。如实力雄厚的麦当劳公司，每天必须把汉堡等保鲜食品运往中国各地，为保证准确及时供货，就组建了自己的货运公司。

（五）物流系统总成本

在选择自营物流还是物流外包时，必须弄清两种模式物流系统总成本的情况。计算公式为：

$$D=T+S+L+F_W+V_W+P+C$$

式中：D 为物流系统总成本；

T 为该系统的总运输成本；

S 为库存维持费用，包括库存管理费用、包装费用以及返工费；

L 为批量成本，包括物料加工费和采购费；

F_W 为该系统的总固定仓储费用；

V_W 为该系统的总变动仓储费用；

P 为订单处理和信息费用，指订单处理和物流活动中广泛交流等问题所产生的费用；

C 为客户服务费用，包括缺货损失费用、降价损失费用和丧失潜在客户的机会成本。

这些成本要素之间存在着二律背反现象：当减少仓库数量时，可以降低保管费用，但会带来运输距离和次数的增加而导致运输费用增加。如果运输费用的增加部分超过了库存持有费用的减少部分，总物流成本反而增加了。因此，在选择和设计物流系统时，要在自营或外包的基础上对物流系统的总成本加以论证，最后选择成本最低的物流系统。

（六）自拥资产和非自拥资产第三方物流的选择

自拥资产第三方物流是指有自己的运输工具和仓库，从事实实在在物流操作的专业物流公司。它们拥有较大的规模、坚实的基础设施、完善的物流系统。这也是人们常说的重资产模式。重资产的第三方物流专业化程度较高，但灵活性可能受到一定的限制。非自拥资产第三方物流是指不拥有硬件设施或只租赁运输工具等少量资产，主要从事物流系统设计、库存管理和物流信息管理等职能，而将货物运输和仓储保管等具体作业活动交由别的物流企业承担，但对系统运营承担责任的物流管理公司。这也就是人们常说的轻资产模式。轻资产模式的第三方物流运作比较灵活，能制定服务内容，可以自由组合、调配供应商，管理费用较低。企业应根据自己的要求对两种模式加以选择和利用。

在对企业物流模式的选择做具体决策时，应从物流在企业中的战略地位出发，在考虑企业物流能力的基础上充分比较各方面的约束因素，进行成本评价，决策程序见图 7-4。

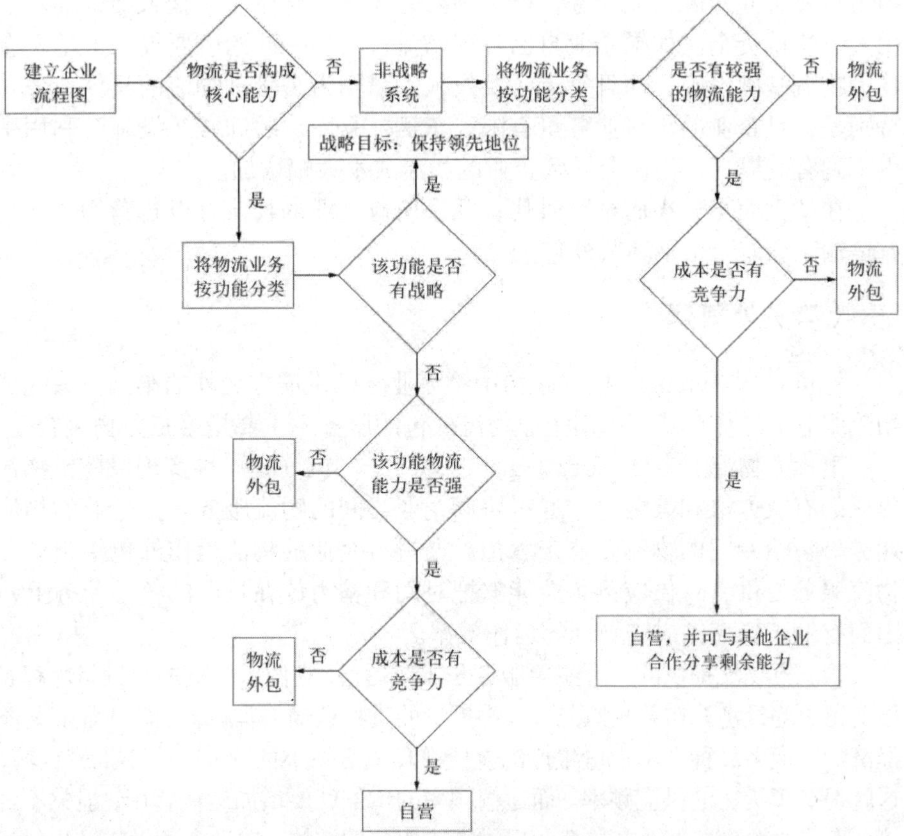

图 7-4　物流运作模式决策程序

二、物流运营模式

在供应链管理模式下，企业强调构建核心竞争力。因此，在物流的运营模式上，主要有企业内部物流管理部门的自营物流模式和外包给第三方物流企业的代理物流这两种常见模式。不同的物流运营模式有不同的特点。

（一）自营物流模式

顾名思义，自营物流模式是指企业自己组建企业物流系统，设置专门的管理部门负责管理。自营物流模式的优点是可以加强对本企业物流活动的全程管理，保证客户订单交付等任务的完成，可以取得比较好的物流服务质量，对于提高本企业的品牌影响力具有重要意义。

然而，自营物流模式也有比较明显的不足，即物流运营的成本较高。因为只要企业开展物流业务，就必须要有车辆、仓库、运输人员，需要占用大量流动资金。如果企业自己管理物流，不但一开始就要投入大笔资金建设物流基础设施，而且每天还要投入大量精力去管理物流的具体业务。特别是一旦企业的物流业务量有限，车辆、仓库、装卸搬运设施的利用率得不到有效提高，很快会导致企业的物流成本大幅增加。

在“大而全、小而全”时代，几乎所有企业的物流都以自营为主，只有运输、仓储等个别环节外包。

（二）外包模式

外包（outsourcing）模式是指由物流业务的供需方之外的第三方去完成物流服务的运作模式，承担企业物流外包的服务方主要是第三方物流企业。

第三方物流（third party logistics，TPL / 3PL）是一种实现供应链物流集成的有效方法和策略，它通过协调企业之间的物流服务，把企业的物流业务外包给专门的物流企业来承担。通过将企业的物流运作外包给第三方物流服务提供者，供应链企业能够把时间和精力放在自己的核心业务上，因而有助于提高供应链管理的运作效率。

第三方物流提供的一个主要服务是集成运输，它使供应链的小批量库存补给变得更为经济。在某些情况下，小批量的货物运输（非满载运输）显然是不经济的。但多品种、小批量生产的供应链环境必须小批量采购、小批量运输，这就提高了货物的供应频率。而运输频率的增加就要增加运输费用，显然不经济。第三方物流是为大多数企业提供运输服务的实体，它为多条供应链提供运输服务，比如，当多家供应商彼此位置相邻时，就可以采用混装运输的办法，把各家供应商的货物依次装在同一辆货车上，实现小批量交货的经济性，这就是第三方物流系统提供的联合运输（集成运输）的好处。

第三方物流不但提供运输服务，还可以提供其他形式的物流服务，如顾客订单处理、流通加工、物流信息服务、仓库管理（联合仓库）等。

第四节　物流管理绩效评价指标体系

一、供应链物流绩效评估指标

（一）销售与生产的指标

销售与生产的指标指企业在规定时间内销售的产品总数量与企业同一时间所生产的总数量之间的对比，这种对比也可以称为产销率，其计算公式为：

$$\text{产销率}=\frac{\text{一定时间内已销售出去的产品数量}}{\text{一定时间内生产的产品数量}}$$

一般来说，销售的数量都低于生产的数量，所以这个数值一般是小于或者等于 1。销售与生产的指标一般又可以分为三个指标。

1．供应链上企业销售与生产的指标

供应链上企业销售与生产的指标主要反映了这个企业的经营情况，其计算公式为：

$$\text{供应链节点企业的产销率}=\frac{\text{一定时间内节点企业已销售产品数量}}{\text{一定时间内节点企业已生产的产品数量}}$$

2．供应链核心企业销售与生产的指标

这个指标主要反映的是核心企业的生产经营情况，其计算公式为：

$$\text{供应链核心企业的产销率}=\frac{\text{一定时间内核心企业已销售产品数量}}{\text{一定时间内核心企业已生产的产品数量}}$$

3．供应链上的销售与生产的指标

该指标计算公式为：

$$\text{供应链产销率}=\frac{\text{一定时间内供应链节点企业已销售产品数量之和}}{\text{一定时间内供应链节点企业已生产的产品数量之和}}$$

供应链上的销售与生产的指标主要反映的是整体供应链环境下的销售与生产之间的比率，同时也反映了这段时间的经营情况。这个时间段可以为年，也可以为月，也可以为日。随着现在供应链管理的不断发展，为了能够更好的反映出企业的经营情况，对于销售与生产的指标的计算，很多时候都是按照天为单位进行计算的。对于这个指标的数值来说，越接近1，就说明供应链整体的经营状况还不错，同时也能够反映企业对于供应链资源的利用率越高，供应链的库存量越小。

（二）平均生产与销售的绝对偏差指标

平均生产与销售的绝对偏差指标的计算公式为：

$$\text{平均生产与销售绝对偏差}=\sum|P_i-S_i|/n$$

式中：

n 代表的是供应链中企业的总数量；

P_i 代表的是第 i 个企业在规定时间内所生产的总数量；

S_i 代表的是第 i 个企业在规定时间内所销售的总数量。

这个偏差指标主要反映的是供应链的库存问题，也就是平均的销售与生产之间数值的差别。按照公式进行计算，这个数值代表供应链上的库存量，所以说数值越大，库存越多，给企业带来的成本越高，相反，如果这个数值越低的话，表示库存量越小，销售与生产能够维持很好的平衡，同时可以降低企业的成本。

（三）需求与生产的指标

需求与生产的指标指在一定的时间内，企业所生产的产品总数量与其他企业所需要的产品数量之间的对比，一般可以称为产需率。这个指标又可以具体分为以下两个指标。

1. 供应链上企业需求与生产的指标

该指标计算公式为：

$$\text{供应链节点企业产需率}=\frac{\text{一定时间内节点企业已生产的产品数量}}{\text{一定时间内上层节点企业对该产品的需求量}}$$

供应链上企业生产与需求的指标主要反映的是企业之间的供需关系，即上游企业所需要的数量与下游企业所生产的数量的比较。按照公式进行计算，如果数值比较接近 1 的话，就说明供应链中上下游企业的供需关系比较平衡，能够达到和谐的状态。相反，就说明上游企业与下游企业之间的供需关系不太协调，产品的准时交货率比较低。

2. 供应链上核心的企业需求与生产的指标

该指标计算公式为：

$$供应链核心企业产需率=\frac{一定时间内核心企业生产的产品数量}{一定时间内用户对该产品的需求量}$$

供应链上核心企业生产与需求的指标主要反映供应链的整体情况，代表了整体的生产能力和市场需求。这个指标的数值大于或者等于 1 的情况下，说明供应链上的企业生产能力比较强，对于市场的变化反应迅速。这个指标的数值小于 1 的时候，说明供应链上的企业生产能力不强，对于市场的变化反应比较迟钝。

（四）专利技术拥有比例

该指标计算公式为：

$$专利技术拥有比例=\frac{供应链企业群体专利技术拥有量}{全行业专利技术拥有量}$$

该指标主要反映了企业所拥有的专利技术水平，从而也反映了企业的主要竞争力，从数值上来看，越高说明企业的竞争力越强，相反，数值越低，说明企业的竞争力越弱。

（五）新产品开发率

该指标计算公式为：

$$新产品开发率=\frac{在研究新产品数+储备新产品数+已投产新产品数}{现有产品总数}$$

该指标反映了供应链中企业的研发能力。数值越高说明企业的适应能力更强，研发能力更强，反之，企业的研发能力越弱。

（六）企业生产成本的指标

企业生产成本的指标主要是对成本的控制，从另一个角度也体现了供应链上的企业整体的管理水平。产品的价格并不是随意制定的，只有当产品的价格高于企业生产成本，企业才有利益可言。

（七）运营成本指标

运营成本指标主要反映的是为了维持运营所需要付出的成本，也反映出整体的运营情况，反映了供应链的管理水平，反映了各企业的经营效率，这个指标主要包括以下三方面。

1．通信成本

通信成本主要体现企业之间需要进行合作的通信费用。对于一般的企业来说，通信成本主要包括网站的维护、信息系统的研发费用、电话费用、传真费用等。

2．总库存费用

总库存费用可以用以下公式表示：

供应链总库存费用=各节点在制品库存费用+成品库存费用+各节点之间在途库存费用

3．外部运输总费用

外部运输总费用主要是指产品在各企业之间进行运输的费用，主要包括交通费用、装卸货费用等。

二、物流管理绩效指标体系框架

物流管理绩效指标体系框架从宏观和微观层面设定了物流绩效评价范围和层次，突出了环境和资源指标对物流的影响，全面地反映了物流管理总体绩效水平。物流绩效的指标体系框架见表 7-3。

表 7-3　物流管理绩效指标体系框架

系统层次	指标状态	指标变量
经济效益	物流规模	社会物流总值
		社会物流总成本
		货物运输周转量
		物流业利率
		物流收入占 GDP 比重
		物流业固定资产投资
	物流结构	第三方物流比例
		共同配送比例
		集中加工比例
	物流服务质量	客户服务水平
		客户满意程度
		交货水平、交货期质量
		货物损耗率

续表

系统层次	指标状态	指标变量
经济效益	物流发展潜力	物流研究经费投入量
		物流专业技术教育水平
		物流科技产出能力
		员工流动率
		员工知识水平
		信息系统更新程度
资源利用效益	物流资源利用率	物流设施对土地资源的占用
		单位产品公路运输的能源消耗
		原材料的综合利用率
		可替代资源的利用率
		物流包装的循环利用率
		车辆实载率
	物流资源循环利用率	再生资源利用率
		废弃物循环使用率
		废弃物集中处理比率
		废弃物集中处理比率
		产品退回再生率
环境效益	生态环境改善潜力	污染物的增长与污染物的处理能力的增长比率
		物流环保资金的投入与需求量之比
	污染物的排放水平	物流过程中的废气排放、噪声等级
	环境管理	环境管理评价制度的完善、法规制定及执行情况

三、企业物流绩效评价指标体系构建

关于指标体系的构建主要涉及两方面：第一，是如何选取指标；第二，选取了恰当的指标后如何来完善。在建立企业物流绩效评价指标体系的过程中一定要坚持定量和定性相结合，有针对性地展开构建过程。定性分析主要是侧重于评价的目的和原则，以此来确定指标和指标结构；定量分析则是通过一系列检验，使指标体系更加科学和合理可行的过程。

（一）指标体系的初选

指标体系的初选方法有综合法和分析法两类。不同的方法适用于不同的情况，综合法是在已经存在的一些指标群的基础上，按照一定的标准对这些指标进行分类，在分析综合的基础上使之成为体系的一种构造方法。分析法是指将要分析度量的目标和对象分成阶段性的几个部分，不同的阶段实现不同的目标，直到每个部分都可以用具体的统计指标来描述和实现。

（二）指标体系的完善

当完成了指标体系的初选后，还必须进行一系列的后续工作，进行必要的完善化处理。首先，测试每个指标的数值能否获得，如果有一些无法获得资料或者在获得资料时不顺利，那么，这样的指标可以直接剔除，因为操作起来不易，不适用实际，而对那些需要花费大量人力物力财力的指标，也应该排除在外。其次，测试每个指标的计算方法、计算范围及计算内容的正确性，并对指标体系中指标的重要性、必要性和完备性进行分析。

【案例分析】

弗莱克斯特罗尼克斯国际公司

电子制造服务（EMS）提供商弗莱克斯特罗尼克斯国际公司两年前便面临着一个既充满机遇又充满挑战的市场环境。弗莱克斯特罗尼克斯公司面临的境遇不是罕见的，事实上，许多其他行业的公司都在它们的供应链中面临着同样的问题。很多岌岌可危的问题存在于供应链的方方面面——采购、制造、分销、物流、设计、融资等。

一、供应链绩效控制的传统方法

惠普、3COM、诺基亚等高科技原始设备制造商（OEM）出现的外包趋势，使来自电子制造服务业的订单在减少，同时，弗莱克斯特罗尼克斯公司受到来自制造成本和直接材料成本大幅度缩减的压力。供应链绩效控制变得日益重要起来。

与其他公司一样，弗莱克斯特罗尼克斯公司首要的业务规则是改善交易流程和数据存储。通过安装交易性应用软件，企业能快速减少数据冗余和错误。比如，产品和品质数据能够通过订单获得，并且和库存状况及消费者账单信息保持一致。第二个规则是将诸如采购、车间控制、仓库管理和物流等操作流程规范化、流程化。这主要是通过供应链实施软件诸如仓库管理系统等实现的，分销中心能使用这些软件接受、选取和运送订单货物。

控制绩效的两种传统的方法是指标项目和平衡积分卡。在指标项目中，功能性组织和工作小组建立和跟踪那些被认为是与度量绩效最相关的指标。不幸的是，指标项目这种方法存在很多的局限性。为了克服某些局限性，许多公司采取了平衡积分卡项目。虽然概念上具有强制性，但是绝大多数平衡积分卡作为静态管理操作面板实施，不能驱动行为或绩效的改进。弗莱克斯特罗尼克斯公司也被供应链绩效控制的缺陷苦苦折磨着。

二、供应链绩效管理周期

弗莱克斯特罗尼克斯公司实施供应链绩效管理带给业界很多启示：供应链绩效管理有许多基本的原则，可以避免传统方法的缺陷；交叉性功能平衡指标是必要的，但不是充分的；供应链绩效管理应该是一个周期，它包括确定问题、明确根本原因、以正确的行动对问题做出反应、连续确认处于风险中的数据、流程和行动。

弗莱克斯特罗尼克斯公司认为，定义关键绩效指标、异常条件和当环境发生变化时更新这些定义的能力是任何供应链绩效管理系统令人满意的一大特征。一旦异常情况被确认了，使用者需要知道潜在的根本原因，可采取的行动的选择路线，以及这种可选择行为的影响。以正确的行动对异常的绩效做出快速的响应是必要的。但是，一旦响应已经确定，只有无缝地、及时地实施这些响应，公司才能取得绩效的改进。这些响应应该是备有文件证明的，系统根据数据和信息发生以及异常绩效的解决做出不断地更新、调整。响应性行动导致了对异常、企业规则、业务流程的重新定义。因此，周期中连续地确认和更新流程是必要的。

参 考 文 献

[1] 方美琪．电子商务概论[M]．北京：清华大学出版社，1999.
[2] 宋华，胡佐浩．现代物流与供应链管理[M]．北京：经济管理出版社，2000.
[3] 宋远方．供应链管理与信息技术[M]．北京：经济科学出版社，2000.
[4] 毕强．网络经济与企业管理[M]．长春：吉林科学技术出版社，2001.
[5] 张宗成．现代物流信息化[M]．广州：中山大学出版社，2001.
[6] 宋华．现代物流与供应链管理案例[M]．北京：经济管理出版社，2001.
[7] 骆温平．第三方物流[M]．上海：上海社会科学院出版社，2001.
[8] 张铎，梅绍祖．电子商务与物流[M]．北京：清华大学出版社，2001.
[9] 孙宏岭，戚世钧．现代物流活动绩效分析[M]．北京：中国物资出版社，2002.
[10] 王学东．企业电子商务管理[M]．北京：高等教育出版社，2002.
[11] 姚国章，伍琳瑜．电子商务案例[M]．北京：北京大学出版社，2002.
[12] 侯书森，孔淑红．企业供应链管理[M]．北京：中国广播电视大学出版社，2002.
[13] 王焰．一体化的供应链[M]．北京：中国物资出版社，2002.
[14] 阎子刚．供应链管理[M]．北京：机械工业出版社，2004.
[15] 史忠健．物流采购与供应管理[M]．北京：中国劳动社会保障出版社，2006.
[16] 魏国辰．采购实际操作技巧[M]．北京：中国物资出版社，2007.
[17] 李述容．采购与供应管理实务[M]．武汉：武汉理工大学出版社，2007.
[18] 董千里．采购管理[M]．重庆：重庆大学出版社，2008.
[19] 何静．供应链管理[M]．上海：东华大学出版社，2009.
[20] 刘永胜．供应链管理基础[M]．北京：中国物资出版社，2009.
[21] 周云．采购成本控制与供应商管理[M]．北京：机械工业出版社，2009.
[22] 彭扬，王珊珊．采购与法律实务[M]．北京：中国物资出版社，2009.
[23] 陈文汉．商务谈判实务[M]．北京：中国电力出版社，2009.
[24] 翟光明．采购与供应商管理[M]．北京：中国物资出版社，2009.